NEGOTIATION

TRADE

WAR

The Decisive Thinking of
Value Game

谈判商战

价值博弈之思维决胜

吴昀桥 ◎著

谈判高手实际上并不需要口才非常好，而是需要能洞察谈判对手的内心，说的每一句话都能触碰对方的痛处和核心利益点，让对方感觉到"难受"，进而影响对方的心理状态、主观情绪和思维状态。对方在出现内心波澜的情况下，谈判高手再从为对方考虑的角度阐述自己的观点，实际上这些观点是自己核心利益诉求的表达，但因为换了一个角度，所以影响和引导了对方的主观思维，牵引对方朝谈判高手期望的方向前进，并使谈判高手获得整个谈判的主动权和主导地位，实现自身更大的利益。对于谈判，我们需要深刻地理解，虽然谈判中针对的是客观的、具体的事情，但毕竟谈判结果还是需要人进行决策的，只要需要人进行决策，那么这就是一个主观的过程。在这个主观的过程中，影响对方的思维，让对方跟着自己的思路走，是谈判取胜的首要法宝。本书始终聚焦于商务谈判真实过程中不同阶段的技能重点，并基于此深入介绍每个技能重点背后的思维能力，以一种轻松的语言和真实案例的方式，帮助读者进行感悟、认知与掌握，切实以培养读者的实践性非常强的软技能为目标，展开内容设计。

图书在版编目（CIP）数据

谈判商战：价值博弈之思维决胜 / 吴昀桥著．
北京：机械工业出版社，2024.7. -- ISBN 978-7-111
-76169-3

Ⅰ. F715.4

中国国家版本馆 CIP 数据核字第 202405W4G3 号

机械工业出版社（北京市百万庄大街 22 号　邮政编码 100037）
策划编辑：张有利　　　　　　责任编辑：张有利　王　芳
责任校对：张爱妮　刘雅娜　　责任印制：单爱军
保定市中画美凯印刷有限公司印刷
2024 年 10 月第 1 版第 1 次印刷
170mm×230mm・11.75 印张・2 插页・154 千字
标准书号：ISBN 978-7-111-76169-3
定价：69.00 元

电话服务　　　　　　　　　　网络服务
客服电话：010-88361066　　　机　工　官　网：www.cmpbook.com
　　　　　010-88379833　　　机　工　官　博：weibo.com/cmp1952
　　　　　010-68326294　　　金　书　网：www.golden-book.com
封底无防伪标均为盗版　　　　机工教育服务网：www.cmpedu.com

作者简介

吴昀桥,管理学博士,上海立信会计金融学院教授,加拿大阿尔伯塔大学访问学者,兼任上海工商管理专业学位研究生教育指导委员会委员、上海市青年联合会委员、教育部全国万名优秀创新创业导师、上海长江开发促进会会员,澳门城市大学特聘教授、博士生导师,并担任多家中大型领军企业的顾问、专家。曾担任上海外国语大学国际工商管理学院副院长、上海外国语大学IMA智慧城市研究所①所长、上海九华企业管理咨询公司培训中心主任和咨询顾问、天风证券股份公司投资

---

① IMA智慧城市研究所是由上海外国语大学国际工商管理学院和IMA(美国管理会计师协会)合作共建的。

银行三部负责人、嘉善企业管理咨询（上海）公司总经理、武汉昭融汇利投资管理公司董事和副总经理等职务。

作者一直从事战略、投资、管理领域的实践、教学与科研工作，擅长聚焦商业运行中的实际问题进行探索和研究，先后主持和参与多项国家级、省部级课题，多篇智库研究成果获得省部级领导重要批示，多项研究成果获得国家级、省部级成果奖项。获得高等教育（本科）国家级教学成果二等奖、高等教育上海市优秀教学成果特等奖、上海市决策咨询研究成果三等奖、上海外国语大学优秀教学奖、上海外国语大学校级教学成果奖、第六届"全国百篇优秀管理案例"，还获得全国大学生电子商务"创新、创意及创业"挑战赛上海赛区最佳指导老师奖、中国"互联网+"大学生创新创业大赛上海赛区优秀指导教师奖、上海汽车工业教育基金会著作教材奖等。在国内外管理学核心期刊发表论文近30篇，多篇论文被中国人民大学复印全文并转载。承担企业管理咨询等项目或横向课题20余项，并指导学生多次荣获创新创业国家级、省部级奖项，具有非常丰富的实践性管理知识、实战经验与技能。

前　言

我是谁？

关于这个问题，我一直非常喜欢一位学生对我的评价，即"非典型大学教授"。为什么叫非典型？那是因为我的成长经历与很多大学教授相比确实有那么一点点不同，我相信在十几年前，我的朋友绝对不会认为我将来会成为一位大学教授。每当我回想起自己的成长经历，我自己也经常觉得不敢相信。

我在读大学时，觉得学习是一件很无聊的事情，我不知道学习的知识到底有什么意义，于是，我不顾家人的反对休学了，我希望进入社会，想被社会"毒打"，然后找到自己人生的方向。因此，我成了一名保险销售业务员，没有大学学历，没有工作经验。这段经历，确实让我实现了被"毒打"的愿望，同时，让17岁的我开始西装革履地展开各种谈判，让17岁的我开始充满微笑地接纳所有拒绝，让17岁的我开始理性从容地拥有强大"心脏",让 17 岁的我开始不可思议地成为全省销售冠军。在这段经历中,冷水、汗水、泪水,有别人泼的,也有自己流的,有些是因为自己不被理解而流的,现在想想,其中还有感动;我很感谢,它们都是财富。回到校园,我这颗悸动的心就再也按捺不住了,各种社会活动、各种商业活动、各种学生活动中都有我的身影,这也让当时年少的我暗暗地下定决心——我要创业,要成为一位有影响力的企业家。

大学毕业后,我毫不犹豫地乘坐绿皮火车抵达了"魔都"上海,开始了我人生第一次创业,结果虽令人感伤,但我看清了自己认知能力上的缺陷,于是,我要读书。三个多月的时间,每天四小时睡眠,一天十元开销,备考研究生的日子就这样一天天过去了。一晃两年研究生的生涯也过去了,我感觉自己的认知能力还是不够,于是继续深造读博。读博期间我除了科研任务外,还要做咨询等丰富的企业项目。这是我人生最完美的一段学习时光,我既掌握了理论,也精通了实践,更升华了认知。感谢我的恩师任浩教授,感谢我的各位师兄,当然,还要感谢一直陪伴我的夫人吴园芳女士。

努力的人运气都不会太差,我也把握住了机会,在某证券公司爆发式增长的前夜,我成为一名投行从业人员,带领团队在市场上披荆斩棘、勇往直前。正当前途一片光明,被认为即将在金融圈大放异彩的我,出乎大家意料地辞职了,真的是惊掉了他们的下巴,也惊掉了我夫人的下巴。没有办法,我就是如此。别人笑我太疯癫,我笑他人看不穿……我选择继续创业,以一家基金公司、一家咨询公司开始重新加入市场竞争。一切顺风顺水,但未来最有意思的就是未知,我顿悟到了自己的内心,并舍弃所有成就,跟随心之所向,现在的这位"非典型大学教授"也就这么出现在九年前的教育圈。就当所有人都认为我将在大学奋斗终生时，我离开了。人生就是这么奇妙，我期待挑战，我喜欢创新，我不满足于安逸。大家都感到很吃惊，然而大家好像又感到很正常，这是我的风格。来到现在的新岗位，担负起大学市场化工作的责任和使命，第一年也是新一轮创业元年，我所在的学院业绩近乎翻倍，有趣的故事又要开始了。

我为什么要写这本书？

这个问题与我的性格有很大的关系，独乐乐不如众乐乐，这就是我。物质和精神，哪个更重要？对我而言，毫无疑问：精神。如果从物质财富角度来评估，我身边的太多朋友都远胜于我，但如果从精神财富角度来评估，我则充满自信与成功。我是一个非常喜欢分享的人，也是一个非常乐于助人的人，在我的世界中，最快乐的事情并不是自己的获得，而是看到那些得到我帮助的人脸上挂满笑容。这也是我离开金融圈而进入教育圈的根本原因，性格使然，向梦前行。我有复盘、深思、冥想、顿悟的习惯，每隔一段时间，我会将自己关在一个狭小安静的地方重复这个过程，不断提升自己的认知能力，持续提升自己的思维层次，这让我在商战中无往不利、所向披靡。有一天，我突然被安排讲授一门"商务谈判"的MBA课程，于是，我开始备课，备课过程让我非常沮丧，我能查阅到的关于谈判的书籍，要么过于理论，要么过于空洞，同时它们还有一个共同特征——都是从谈判出发来讲谈判。谈判不能理论化，简单地案例堆积化，谈判要能真实地帮助我们在商战中尽可能地争取利益，谈判是"真金白银"的价值博弈，而头头是道的纯理论解释，以及一大堆只讲故事的案例材料，不能直观地揭示事物背后的本质。一个谈判商战的现场中，在你来我往的深处，实际上比拼的是双方的认知能力，认知能力的高低取决于思维的深浅，故思维决胜才是本质，也直接决定谈判结果的价值得失。我的商战沉浮、我的复盘深思、我的冥想顿悟，使我深深地知道这几点对谈判十分重要，但非常遗憾，我没有找到介绍它们的谈判指南。基于此，自己动笔的想法就出现了。我非常清楚谈判能力对一个人的重要程度，它几乎能够直接决定一个人的发展和成功，这种能力是不可替代的，我不能容忍自己看到大家走向商业的弯道，我不能容忍自己看到大家迷失博弈的方向，我不能容忍自己看到大家出现落魄的眼神，故我需要将自己的体系总结出来，将自己的认知分享出来，将自己的经验传递出来，这是我应该做的事情，是我心中的声音，也是我热爱的事业。但真正开始动笔，还是来自我各个学生的呼声，以及一位在跨国贸易谈判中遇到困境的学生在我亲自指导下收获谈判成功后的喜悦表情，我觉得不能再等了，于是正式提笔，这本书也就这么出现了。

我还有什么想说的？

本书中有大量的实战案例，这些案例都是我经历过的真实故事。看似简单的一个道理，大家只有真正沉浸式地通过案例去感受它，才能够真正领悟并汲取其中的精华和艺术，进而实现思维的进阶，如此，属于自己的谈判能力才能够真正形成。此外，大家在这个过程中，要一边实践一边思考，有意识地培养和建立起思维的三种方式。

其一，要建立理性思维，在遇到困难或不顺心的情况时，大家不能被情绪左右，不要做出情绪化行为，要理性思考当下的行为存在哪些潜在风险与不确定性，会对未来产生怎样的影响，然后再决定当下的具体行动，只有理性，在遇到问题时才能实现内心平静，才能真正找到解决问题的方法。

其二，要建立逆向思维，万事万物都有两面性，这个世界上没有绝对的事情，所以，大家在一帆风顺时要能够洞悉并规避风险，在寸步难行时要能够发现"危"背后的"机"并创造条件努力抓住机会，思维的差距直接决定人生的高度。

其三，要建立情感思维，人与人之间靠感情联结，为人处世一定要重情重义，要信任身边的人，只有敢于信任他人，才能获得他人的支持，集聚各方的能量，虽然真情实意付出可能不会带来所有人真情实意的回报，但只要有一个人给予真情实意的回报，就已足够，也非常有价值，人一生知己难求，求一知己成就一生，所以千万不能有怕吃亏的想法。

思维的三种方式逐渐形成，就奠定了思维决胜的重要基础，这使我们开始成为一位能够价值博弈的黄金捕手，最终运筹帷幄于谈判商战的现场。

于此，谈判商战中，价值博弈之思维决胜，拉开序幕！

2024 年 6 月于上海

目 录

作者简介
前　　言

第一章　谈判内涵 /1
第二章　谈判基础：高效沟通技巧培育 /9
　　认知沟通过程 /9
　　理解沟通障碍 /12
　　掌握沟通方法 /22

第三章　谈判计划与准备 /37
　　确定谈判议题 /37
　　明确谈判相关方地位 /40
　　知晓谈判底线与风格 /54

第四章　谈判影响因素　/69

　　运用互惠因素　/70

　　掌握一致性因素　/72

　　设计社会佐证因素　/75

　　利用喜欢因素　/78

　　认识权威因素　/81

　　策划稀缺性因素　/84

第五章　谈判交锋：初始报价与对换让步　/90

　　具备初始报价技巧　/91

　　掌控对换让步技巧　/117

第六章　谈判核心：价值博弈　/130

　　洞悉价格本质　/131

　　驾驭价格策略　/147

后　　记　/165

第一章

谈判内涵

关于具备怎样的特征才是会谈判的人,大多数人可能会存在一种误会,那就是主观地认为会谈判的人都是口齿伶俐、口若悬河的人,这其实是一种错误的认识。真正的谈判高手实际上并不需要口才有多好,因为谈判与演讲是完全不同的,演讲的重点在于信息的传播,故其需要拥有非常好的口才,谈判的重点则在于对谈判对手心理和主观思维的影响。攻心术是谈判的聚焦,让对手理解、接受、听从和执行我们的想法或观点,故我们需要拥有更深层次的思维能力,能够通过表层的信息交互直接洞察对手的内心,使得我们说的每一句话都能触碰到对手的痛处和核心利益点,让对手感到难受和着急,进而深刻地影响对手的心理状况、主观情绪和思维状态。在对方出现内心波澜的情况下,我们再从为对手考虑的角度阐述自己的观点,而实际上这些观点本身都是我们自己核心利益诉求的表达,但因为换了一种方式,所以形成了对对手主观思维的影响和引导,牵引对手朝我们期望的方向前进,最终这将有助于我们获得整个谈判的主动权和主导地位,实现自身利益的最大化。

对于谈判，我们需要透彻地理解，虽然谈判中针对的都是客观的、具体的事情，但毕竟谈判结果还是需要人进行决策的，只要需要人进行决策，那么，这就必然是一个主观的过程。在这个主观的过程中，影响对手的思维，让对手跟着自己思路走，可以说，是谈判取胜的唯一法宝。听起来好像很简单，但实际上要做到非常不容易的，不然，大家都是谈判高手了，每个人都能拿到超级大的合作订单，每个人也都能获得非常顺利的职业发展，每个人还都能拥有完美圆满的家庭生活。可是，事实上，我们看看自己身边来来往往忙碌的人群，我们再看看自己，是这样吗？应该不太是吧，那这是为什么呢？这个世界上较容易学会和掌握的东西，往往是我们看得见、摸得着的东西，比如，我们获取律师资格证书就获得了一种专业能力，又比如我们阅读一本战略管理书籍就掌握了一些专业知识，再比如我们参加一个汽修培训班就学会了一门专业技巧等，这些都是较简单的，只要我们付出了汗水和努力就能够有收获，如果我们没有收获，那可能说明我们汗水流得还不够多、努力还不够，需要我们进一步专注和拼搏，因此，这些看得见、摸得着的能力、知识和技巧等都是可以学而知之的，它们的难度相对较小。这个世界上最难的东西，我想大家应该猜到了，即那些既看不见又摸不着的东西，需要我们有很高的悟性，然后才能够形成自己的理解和认知，进而实现自己思维能力的跨越式跃升，能够看见大多数人看不见的内容，能够想到大多数人想不到的方面，能够做出大多数人做不出的决策。换句话说，当大多数人都觉得这件事情非常好时，我们能发现里面的风险，而当大多数人都觉得这件事情非常糟糕时，我们又能发现里面的机会，这种思维水平是不能够通过学而知之的，只能通过悟而知之，而这种思维水平的外在具体表现就是谈判能力，所以，我们能够看到在谈判中，有的人能够如鱼得水，而有的人却是处处被动，这种谈判过程中体现出的双方谈判能力的差异，实质上是双方思维水平的不同，也正因为思维是看不见又摸不着的，故谈判能力的培育、认识和掌握将会是非常困难的过程，我们需要全身心地投入思考，反复感受里面的细腻情感，深深体会内在的心理波动，重点领悟深处的人性本质，只有这样我们才能够真正地开始朝着成为一名谈判高手的方向前进，这也是一个我们"修炼"的过程。当我们最终成为谈判高手的时候，我们会发现自己的人生会变得非常美好：只要是我们想做的事情，我们就能够影响我们想要影响的人按照我们的想法具体展开；只要是我们确定的目标，我们就能够让团队或家庭坚信并为之全力拼搏，从而实现。我们能够有效地影响对方的心理和主观思维，随之而来的，那就是无论是我们的工作，还是我们的生活，都会非常顺利，处处都有我们的高光时刻和他人羡慕的眼光。接下来，那就正式从对谈判内涵把握的起点开始我们成为一名谈判高手的旅程吧。

　　首先，大家想想，我们为什么要谈判？谈判无处不在，几乎发生在我们每天的工作和生活中，我们与同事交流工作，我们去买东西，我们和同学策划学生活动等，这些都是谈判。可以说，小到我们在家里跟自己的父母或者配偶商量谁做家务，大到国与国之间反倾销、核危机等，它们都是谈判的真实现场。正因为如此，我们如果希望获得发展和成功，那就需要尽量调动更多的资源为自己服务，并且还需要自己的努力和成绩被大家认可，因为我们是社会人，没有办法脱离社会而存在，故我们就更加没有办法避开谈判，除非我们放弃自己的人生。我想我们绝大多数人应该都不会脱离社会、与世隔绝，我们应该都是有梦想、有目标、要奋斗并期望成就自己未来的人。因此，我们要发展，我们要成功，就需要拥有高超的谈判技巧和强大的谈判能力，只有这样，我们才能够在茫茫人海中脱颖而出，才会被关注、被认可、被追随。这将更加有力地激发我们的内在奋斗动力，让我们更坚定、更自信、更有效地持续追逐自己的理想和目标，最后必将迎来一段属于我们自己的精彩人生，绽放青春，这样才不枉此生。

　　其次，我们再思考一下谈判的结构。也就是说，我们现在知道了谈判的重要性后，把成千上万的各种不同类型的谈判事件进行整体解构，试图找出存在于其深处的共性特征，以帮助我们形成对谈判的更深层次的认知，一点一滴地提升我们的思维层次。在此，我们先分析谈判为什么会发生？我们可以在大脑中对自己过往的各种谈判事件进行快速回顾，重温过去发生的各种谈判场景，然后，我们应该会发现，我们之所以会同对方展开谈判，那必然是因为我们发现了自己的某种利益，且我们的这种利益仅靠自身无法实现，必须要与对方合作才能实现。紧接着，我们沿着此思维逻辑继续向深处下沉，我们就会发现，我们如果要实现这种利益，就必须同对方达成共识，切实建立起合作关系，并根据分工协作和差异化资源整合将合作事项的各具体内容有效地落地实施和执行到位。在这里，我们又可以思考一个小问题，即我们发现了一种自身利益，这种利益的最终获得有赖于对方的认可、配合和推进，那对方凭什么要认可、配合和推进对我们有利的事情呢？如果大家说"对方是我的朋友和亲人，肯定会支持我"，那么一个血淋淋的社会现实是，除了我们的父母至亲，没有人会永远无条件地支持我们，无论我们与朋友和其他亲人有多么深厚的感情和亲情，对方无条件支持我们一次两次是有可能的，但如果一直这样无条件支持，那绝对是不可能也是不现实的。原因很简单，我们要生存，对方也要生存，如果对方动用了自身资源让我们更好地生存，他却一无所获，总是在消耗其自身的资源，长此以往，对方可能就会远离，每个人的资源毕竟都是有限的。逐渐地，我们应该思路清晰起来了，那就是我们只有让对方将"无条件"变为"有条件"，对方才会真正地支持我们，才可能认可、配合和推进对我们有利的事情。另外，我认为可能大家会存在误会，还需要重点说明这里的"有条件"并不是我们认为是就行，而必须要对方认为是才行，也就是说，"有条件"是指对方认为当他认可、配合和推进对我们有利的事情时，他也同样获得了利益，这时"有条件"才真正成立，双方通过谈判达成共识的局面才会真正出现。基于此，我们就能够形成对谈判内在机理的深度把握，即当我们发现自身的某种利益，而受限于自己的能力短板或资源短缺，没有办法仅靠自身实现这种利益，在此情况下，我们又发现了另外一个或多个主体，其拥有的能力或资源正好能够弥补我们的能力短板或资源短缺，并通过我们进一步分析、评估与判断，识别出对方也存在某种利益的诉求，而对方的利益诉求需要的能力或资源正好是我们拥有的，对方通过与我们合作，在实现我们利益的同时，也能够同步实现其需要的利益。在这种情况下，谈判才会真实地发生，缺少任何一个组成部分，谈判都不会发生。因此，我们可以将谈判的内在结构清晰地分解为三个组成部分：其一，我们想实现但仅靠自身不能实现的某种利益；其二，另外一个或多个能够帮助我们实现这种利益的不同主体；其三，能够帮助我们的不同主体也需要实现的他们的某种利益，这时，当双方都有利益诉求时，我们可以将利益诉求提炼为共同价值。综上所述，我们的利益、不同主体、共同价值组成了谈判的整体架构。

再次，我们可以在谈判整体架构的基础上，向谈判的内涵展开进一步探索，并对谈判进行界定。那么，我们从哪个角度出发去定义谈判，才能够更加突显出权威性呢？是从商务实战案例，还是从现有诸多他人的理论总结，抑或是从经典的典故？这时，在我的脑海中，我曾经经历过的谈判商战现场画面一个接着一个浮现出来，同时，一些我们在网络上能够看到的关于谈判的理论化解释也纷纷浮现。随着这个思维过程的进行，突然在我的记忆中出现了一个关于谈判的非常经典的小故事，于是，在经过反复地思考后，我觉得对谈判的界定还是应该从经典的故事出发，这样才具有更强的权威性。虽然谈判是一种具有完全实践性的技巧和能力，但谈判的本质却是思维层次的对决，可以说，思维的高低和差异直接决定谈判双方价值的多寡。思维实质上就是我们的智慧，故如果我们的智慧仅着眼于我们自身的实践则理论价值就弱了，同时，如果我们的智慧过于关注现有理论化解释则实践价值又太弱了，因此，我们的智慧只有源自先人的智慧，才能在追本溯源后获得传承和升华。我脑海中的记忆回到了我曾经在《圣经》的《创世纪》卷中看到的一个关于大智者亚伯拉罕同上帝对话的古老小故事上，我认为这个古老的小故事应该是我到目前为止能够获悉的最经典和最古老的谈判案例了，我现在凭着自己的记忆对这个古老的小故事进行简单的回顾，并结合这个小故事展开思维探索。

这个小故事说道，有两座罪恶之城——索多玛和蛾摩拉，传说在这两座城里生活的所有人都充满着罪恶，于是，上帝想要彻底地毁灭这两座城，以惩治罪恶。在此背景下，上帝对亚伯拉罕说："亚伯拉罕，我不能容忍世间充满罪恶，所以，我要将索多玛和蛾摩拉全部摧毁，并杀掉里面所有的人。"亚伯拉罕是一位大智者，同时也是一位大善人，当他听到上帝要杀掉这两座城里所有的人后，他内心世界的情感非常复杂，他不想这么多的人被杀，他认为这些都是活生生的生命，希望未来自己能够感化他们，而不希望上帝采用屠戮的残忍方式。在这种情况下，大家想一想：亚伯拉罕应该怎么回应上帝呢？这时，可能有的人会说，这还不简单吗，直接和上帝说类似于"上帝啊，我觉得不要杀这么多人啊，这样太残忍了"这样的话不就行了吗？大家再想一想，可以就这么简单地回应吗？大家仔细思考一下，让自己思维下沉，答案应该是不能。亚伯拉罕面临的是一个非常巨大的考验，他既不能拒绝或不同意上帝的这个观点，但又不希望上帝执行这个决定。在这种困境下，我们不得不佩服亚伯拉罕的智慧，我的记忆中亚伯拉罕回应道："我亲爱和伟大的主啊，毫无疑问，您又做出了一个无比正确和英明的决定，必须将这两座城里的人全部杀死。哦，对了，我印象中，这两座城里好像还有50个好人，但这不重要，我们也必须要一起全部杀掉。我对您一直都是绝对忠诚的，我会永远地拥护和支持您的任何决定。"大家来细细地感受一下亚伯拉罕的这个回应，我觉得亚伯拉罕确实非常厉害，其思维之深让我很受启发。亚伯拉罕通过深度地分析和思考，已经充分地认识到上帝要杀掉这两座城里所有人的真实目的，并不是我们在表面上看到的为了要杀掉这两座城里所有的人而杀掉，只是为了杀掉罪恶的人。之所以上帝要杀掉这两座城里所有的人，那是因为上帝认为这两座城里所有的人都是罪恶之人。正因为如此，亚伯拉罕在回应中，完全赞同上帝的观点并不断地表达对上帝的忠诚和拥护，同时不经意间抛出了一个有违上帝真实想法和内在目的的信息，即会杀掉好人，从而实现了对上帝主观思维的影响，牵引了上帝思考的方向，将上帝关注的焦点引到把好人也杀掉的这个其并不希望的事情上。在这个小故事中，随后，上帝说道："哦，是吗？亚伯拉罕，如果你能够把这 50 个好人找出来，我为了他们，就饶恕这两座城里的所有人。"紧接着，亚伯拉罕回复："我亲爱和伟大的主啊，我刚刚说过，您的每一个决定都是无比正确和英明的。关于这 50 个好人，我刚刚也说过，这是我印象中的，如果我没记清，万一记多了 5 个人呢？我们还是把所有人都杀死吧。"可以说，正是因为亚伯拉罕已经认知到了上帝杀坏人不杀好人的真正需求和动机，故其才敢在看似赞同和恭维上帝观点的前提下同上帝"讨价还价"，而由于讨价还价的幅度又非常小，仅仅差了 5 个人，也就不用过于担心谈判会破裂，这都是智慧和技巧的体现，隐藏在此背后的则是其更加深邃和细致的思维能力。在亚伯拉罕一点一滴地牵引下，上帝接着又说道："如果你能够把这 45 个好人找到，我依然会宽恕所有人，不再摧毁这两座城。"然后，亚伯拉罕又采取同样的方式，将人数再次减少 5 个，问道："假如我最后只找出来了 40 个好人，那怎么办呢？我记忆一直不太好，我总是担心人数会记错，还请我亲爱和伟大的主原谅我。"上帝继续说道："为了这 40 个好人，我也不会再想着做这件事情。"眼看着上帝的主观思维已经完全被亚伯拉罕影响，于是，亚伯拉罕尝试加快"讨价还价"的节奏，他又说："我亲爱和伟大的主啊，求主不要动怒，容我说，我确实是担心自己的记忆能力，假若有些好人现在已经离开了，我在这两座城里只能找到 30 个好人，那怎么办啊？"很显然，上帝的反馈会在我们意料之中，即"我如果看到你找出来的 30 个好人，我也会放弃掉毁灭这两座城的想法"……就这样，又经历了几个回合，最终，这个数字确定在 10 个人。可以说，在这一次地位完全不对等的对话中，绝对弱势方的亚伯拉罕大获全胜。

从这个小故事中，我们可以看到，真正的谈判高手与他在谈判中所处位置的高低无关，也就是说，无论在谈判中我们是甲方还是乙方，地位的不对等只会在谈判开场时存在，只要我们拥有更深层次的思维能力，以及更高超的谈判技巧，随着谈判进程的推进，我们就必然会获取谈判的主动权和主导地位。反之，如果我们不具备这种思维能力，没有谈判技巧，那么即便我们处于非常强势和主导的甲方地位，这种优势和影响力也仅会在谈判开场时存在，而当时间一分一秒地过去，我们必将陷入一种被动和糟糕的局面。

最后，我从这个古老的小故事出发，汲取先人的智慧和思想精华，将谈判的内涵界定为：谈判是一个需要经过多个主体就共同关注并存在各自利益的事情和事项，在展开相互多轮博弈后，达成共同利益点的过程。在这个内涵中，有三个关键信息：其一，共同关注并存在各自利益的事情和事项，这充分说明谈判各方的利益不同，各自有自身的利益倾向，故我们不能够仅从我们的立场出发去分析和判断谈判对手方的利益诉求，我们一定要换位思考，尽可能地从对手方的立场出发去研究对手方参与谈判的真实想法和目的。其二，相互多轮博弈，这个明确的指向告诉我们，谈判的过程往往不会是一帆风顺的，我们不要总是幻想着谈判会始终呈现出我们期望的状态，这是一个价值博弈的过程，也就是说，谈判进程太顺利，反而是一种不太正常的情况，我们对谈判过程中的相关内容要更加慎重和警觉，而谈判过程中出现僵持甚至对峙局面，才是一种正常的情况。当我们有这种心理后，我们在谈判中遇到困境时才不会慌乱，才能始终保持理智，才可以真正做到从容应对。其三，共同利益点，这背后的深意告知我们的是主观思维在相互影响后，其中一方被另一方影响，要么是我们的主观思维影响了谈判对手方的主观思维，使对手方认同了我们的观点，进而达成共识，要么是我们的主观思维被谈判对手方的主观思维所影响，我们认同了对手方的观点，进而达成共识。可见，在价值博弈中胜出的那一方必然具备更强的思维决胜能力。

第二章

谈判基础：
高效沟通技巧培育

认知沟通过程

　　高效的沟通技巧是形成谈判能力并持续提升谈判能力的重要基础。高效的沟通应该产生的效果是：我们的沟通对象非常喜欢同我们交流，并且非常愿意按照我们的想法展开行动。也就是说，我们的沟通对象完全按照我们的思路去理解事情和执行事情，不会发生冲突。可见，高效的沟通技巧需要我们能够直达沟通对象的内心，读懂沟通对象的思维，然后有效地对其施加影响，并转换其思维到我们的思维体系中，使其按照我们的思维来展开行动。然而人与人是不同的，不同人的思维方式必然也会呈现明显差异，因此，要实现高效沟通的这种效果，我们就必须持续提升自我认知和洞悉的能力。看似简单、平常的人与人之间的对话和交流，其实在背后的心理博弈层面却具备非常高的技术，这种技术并不是一种硬技术，而是一种软技术，也正是因为如此，这种技术就更加难以被理解和掌握。因为，硬技术可以通过学习而获得，是看得见、摸得着的，而软技术只有通过理解、实践和感悟而获得，是看不见也摸不着的。正是如此，可以说，人与人之间的差异，个人发展的快慢，个人层次的高低，在很大程度上是由看不见也摸不着的软技术影响甚至决定的。

我用一个自己成长的例子来帮助大家理解软技术，例如，我在武汉理工大学读本科时，很多同学与我上同样的课程，学习同样的知识，那为什么我能够在非常年轻的时候就在券商公司担任高管职务，并在希望进入教育事业时，也能够很快完成转型，进入高校任教，我的任教能力也不弱于一直在高校任教的其他老师？当时和我上同样课、学同样知识的同学却表示他们无法做到。这种差异是我们学习的知识所决定的吗？显然不是，这是我们思维能力的不同所决定的。再如，当大多数人都认为是机会时，我们却能够看到其背后的隐患并提前预防与规避，而当大多数人都认为是麻烦时，我们却能够看到其背后的机会与价值，并主动和轻松地接住这个在别人眼里的"烫手山芋"。为什么我们敢这么做呢？一个重要的前提是：我们需要有更深的思维。我们必须明白一个很多人都不明白的道理，这个道理就是：万事万物都不可能十全十美，这世界上本就不可能存在完美的事情，任何事情都是有利有弊的。如果我们不具备这种更深的思维，会发生什么？当我们认为某件事情非常好时，我们就会认为这件事情是全好的，那是因为我们的思维深度不够，只看到了好的一面，而没有注意到坏的一面，此刻可能就已经埋下了风险和隐患；而当我们认为某件事情非常糟糕时，我们就会认为这件事情是全坏的，那是因为我们只能看到坏的一面，而看不到隐藏在深处的好的一面，因而错失机会。

万事万物的好坏、利弊都会在一定条件下相互转换，如果我们的思维能力不够，我们不能理解，那就非常麻烦，就很难成功。为什么呢？因为在现实的商业社会中，真正的机会往往并不是那些大家都认为好的事情，那些大家都认为好的事情，必然会被大家蜂拥而上去争夺，它怎么可能会是我们的机会呢？怎么会轮得到我们呢？反之，真正的机会往往隐藏在那些大家认为非常糟糕的事情里面，因为大多数人都怕麻烦，都不愿意去碰这些事情，这种情况下，当我们要抓住这个事情时，就几乎不会遇到太多竞争。为什么我们敢抓住这个事情呢？那是因为我们的思维与众不同，我们的思维更深且逆向，我们需要看到大多数人看不到的隐藏机会和价值，并且我们也需要知道如何通过努力创造转换条件，让这些看似糟糕的事情，由弊转向利。当我们具备这种思维能力的时候，我们就很容易脱颖而出，这是因为当我们通过深度思考抓住一个大家都不想碰的麻烦事时，很多人都会关注我们，尤其是我们的上司、领导和贵人们，而当我们把事情处理好后，可想而知后面会有多么美妙的结果，我们的能力、水平、价值会得到非常棒的展现，我们轻松获得关注，很快速地获得发展和成功。这就是我认为的成功秘诀，因为我们的思维和大多数人不一样，这也就解释了为什么成功永远是属于少数人的，而不可能属于大多数人。可见，这种思维能力必然不是硬技术，硬技术是显性的，大家通过学习都能获得，这种思维能力必然是软技术，是隐性的，需要我们深刻地理解、实践与感悟。

　　高效沟通技巧就是这种软技术。我们需要深刻地理解、实践与感悟，才能真正感受到其价值，并提升自己，让自己从众人中脱颖而出，获得成功。那么如何培育这种软技术？如何才能够具有高效沟通技巧呢？我结合自己 20 多年的商战实践经验进行了梳理与总结，认为可分为三个步骤，即认知沟通的过程、理解沟通的障碍、掌握沟通的方法。实现对沟通过程的深度认知是培育高效沟通技巧的第一步。我们需要对沟通的过程进行解构，把看似很主观的人与人对话交流的过程分解，只有把看似很难分解的主观行为解构，我们才能真正地把握其中的关键，并更深刻地深化自己的思维。一个完整沟通过程由三个部分组成，即信息发出者、信息和信息接收者。信息发出者发出信息，然后信息接收者接收信息。我们思维再进一步深入，可以发现，信息发出者在发出信息时和信息接收者在接收信息时，都会存在一个思维的过程。信息发出者发出信息时需要经过三个阶段的思维：从产生意念，到转换成内容，再到选择信息传递方式。信息接收者接收信息时则需要经过四个阶段的思维：从接收到这个信息，到理解，再到接受这个信息，最后到行动。

可见，看似简单的信息发出者发出信息给信息接收者的沟通过程，其背后是非常复杂的主观思维活动。只要涉及主观思维活动，就有可能出现障碍和问题。为什么呢？因为人与人的成长背景、生活环境、学习履历、认知能力等都会存在差异，不同人的思维都是不同的，同样地世界上不可能存在思维完全相同的两个人，这也就解释了为什么很多沟通是低效率的：我们说的话对方听不懂，然后发生冲突；我们觉得很容易的事情，对方不理解，然后发生矛盾；我们认为对方明白了，对方也认为自己明白了，但行动后的结果却完全不是我们想要的，既耽误了工作进程，又影响了相互的工作感情；等等。在低效率沟通的情况下，双方都会觉得沮丧与无助，我们觉得对方能力不行，对方认为我们没讲清楚，想一想，正是主观思维产生的障碍和问题，导致了这样糟糕的局面。

那怎么办呢？我们在第一步对沟通过程进行解构与深入思考后，要提高沟通的效率与质量，就要进入第二步：理解沟通的障碍。

理解沟通障碍

沟通的障碍可以分为主观障碍和客观障碍。什么是主观障碍？主观障碍即沟通障碍和问题产生的原因与信息发出者和信息接收者的主观思维相关，通过对其的理解，我们可以有效规避在沟通过程中可能存在的主观思维错误，不断提升自身沟通能力，进而使得沟通更加高效。客观障碍则是指沟通障碍和问题产生的原因与信息本身作为客体相关，这种沟通障碍和问题产生的原因往往是信息本身存在内容缺失或者令人误解的内容。克服客观障碍相对比较容易。

针对主观障碍，我结合自己 20 多年的商务实践和总结，将其最主要的原因划分为四种类型，即思维定式问题、光圈效应问题、选择性感知问题和映射问题。

其一，思维定式问题，这是我们在沟通中比较容易犯的主观错误。我们在过往的经历中都会遇见很多人和事，其中必然会有让我们难忘和记忆深刻的人和事，他们可能是好的，也可能是坏的，而当我们在现实中再遇到第一感觉类似的这种人和事时，我们的主观思维会很快将过去的经历呈现出来，进而对当前的人和事快速做出判断，这种判断往往是基于先前经验产生的，而不是通过对当前客观信息的思考而产生的，进而这种判断产生错误的概率就很大，会对沟通过程形成非常不利的影响。我们用一个例子来更加感性地认识思维定式问题，例如，一位女性管理者即将负责一项重要的商务谈判，我们假设这位女性管理者曾经遭受过一段非常痛苦的爱情，在这段非常痛苦的情感经历中，其前男友具备这样的特征，板寸发型、微胖、喜欢黑框眼镜，这位女性管理者当时非常爱他，但突然有一天她发现这位前男友根本就不爱她，并且这位前男友还有很多女朋友，其中还有这位女性管理者的闺蜜。这位女性管理者非常愤怒与崩溃地与这位前男友分手，并受到了深刻的伤害。在这种假设下，大家想一想，这位女性管理者是否会对板寸发型、微胖、戴黑框眼镜的男性产生一种发自内心的抵触情绪呢？答案会大概率是，因为她过往的经历使得她对这种类型的男性形成了非常不好的主观思维定式。巧的是，这位女性管理者在她负责的这项商务谈判正式展开时，突然发现负责谈判的对手方正好是一位板寸发型、微胖、戴黑框眼镜的男性，当这位男性在谈判开场微笑地和她握手时，大家想一想，这位女性管理者的心理状况会如何？大概率会感到恶心与愤怒，然后，我们再想一想，当谈判一开场，这位女性管理者对谈判对手方就已经快速形成了这种不好的思维定式，之后的谈判过程和结果会顺利吗？可想而知，谈判过程必然将会是很艰难的。这就是思维定式问题作为第一种主观障碍类型对沟通有效性的影响。那么如何克服思维定式呢？只要我们意识到思维定式这种主观障碍的存在，就不难克服它。当我们在重要的商务场合，当我们对遇到的某个人和某件事快速形成判断的时候，我们需要给自己心理暗示，我们可能在犯思维定式的错误，进而控制情绪并立刻在脑海中删除这种思维定式所形成的判断，让自己尽快从过往类似经历的记忆中走出来，完全聚焦到对当前这个人和这件事上，以便完整地获取信息与分析。

其二，光圈效应问题，这是我们在沟通中比较容易犯的第二种主观错误。光圈效应，这是我对这类问题的一种形象性描述。我们在现实中，比较容易通过对某个人和某件事的某个局部来了解与判断，进而很快地将其作为对这个人和这件事整体的了解与判断，但实际情况往往是：局部很难跟整体直接画等号。如果以对局部的理解形成对整体的认识，出现偏差和问题的概率就非常大。我用一个生活中比较形象的例子来帮助大家理解这种主观错误，我们可以看到一种现象，很多一见钟情的情侣最后分道扬镳，这就是一个典型的光圈效应问题，一见钟情的产生是因为在那一刻，双方都感受到对方身上具有的某种特质或特征是自己非常喜欢的，然后就主观地认为对方的全部都是自己非常喜欢的，正是这种将局部和整体直接、主观地画上了等号，两个人一见钟情、迅速确定恋爱关系，但是随着在生活中相处的时间越来越多，双方才慢慢真正地对恋人形成了更加整体的、客观的了解与认知，这时候，绝大部分情侣会发现对方与自己基于局部特质或特征而形成的判断不符，最终分手。光圈效应问题就解释了为什么一见钟情很难一生相守。我们再举一个商务场合中的例子帮助大家更加直观地感受，一家公司的管理者新招聘了一些下属，其中一位下属和这位管理者是同乡，同时也是校友。大家想一想，这位管理者对这位新下属会不会因为这些局部的因素而产生好感呢？大概率应该会的，这也是人之常情。这位管理者基于对这位下属既是同乡又是校友的局部认识，再联想到自己目前的成功，他可能很容易且主观地认为这位下属一定也是优秀的人，而当这种整体印象快速形成后，他会给予这位下属更多的关照和机会。但如果这位下属并不是一位能力出众的人，而只是一位迎合上级、阿谀奉承的人，会产生什么后果呢？我们根据经验可以推断，这位下属大概率不仅会对公司业务、内部效率造成负面影响，而且还会对团队的团结与战斗力造成恶劣的影响。团队中努力工作、能力出众的人没有得到重视，却看到这种人得到重视后，这些人必然内心愤慨与不满，消极情绪直接导致其具体工作行动的怠慢，既影响公司的发展，也耽误个人的成长。这就是光圈效应作为第二种主观障碍类型所带来的问题，光圈效应告诉我们：对某个人和某件事的判断一定要在获得更充分、更完整的信息后，进行评估和展开，不要基于局部信息进行整体的判断。

其三，选择性感知问题，这是第三种常见的主观错误。人们在接收和理解信息时，可能会出现一种状况，即听自己想听的，而主观规避自己不爱听或难听的，这种错误的发生非常普遍。人都爱听自己想听的话，不爱听自己不想听的话。我曾经在网络上看到一个故事，一个人养了两盆相同的绿植，这个人对其中一盆绿植总是表扬和赞美，而同时对另一盆绿植谩骂与侮辱，在过了一段时间后，这个人发现那盆每天受到表扬和赞美的绿植生长得非常好，而另一盆每天受到谩骂与侮辱的绿植却已经枯萎了。一盆植物都爱听表扬和赞美，更何况我们这些有鲜活思想和活跃思维的人。但非常遗憾的是，在商务场合中，真正有价值的信息往往是那些我们不想听或不爱听的话，尤其在东方文化的情景下。大家可以想一想，自己感受一下，在东方文化中，我们总体上是比较含蓄与儒雅的，我们对一个人的批评和真正想说的话在大多数情况下，并不会开门见山，而是会做一些前置性铺垫与缓和。我举一个例子帮助大家更感性地理解，例如，我有一位下属小王，在正进行的项目中，小王的表现不符合我的预期，但小王的态度一直很好，也很努力，在这种情形下，我去和小王谈话时，我并不会一开始就立马指责和批评他，因为这会打击他的工作积极性，我大概率会跟他说："小王，你最近工作很积极，很上进，表现不错啊，但是，当前项目的工作落实还是应该在规定的时间节点完成，你必须调整工作方法，现在的执行效率太低了。"在这个例子中，小王如果犯了选择性感知的错误，他就只会把前半段话听进去，因为他觉得听着很舒服，并喜欢听，而后半段话的信息会被他主观规避了。在这种情况发生后，我们看看会产生多么糟糕的后果，在继续开展的项目过程中，小王还是会按照自己原先的方法工作，因为他的脑海中始终记住的是我对他的表扬，那么小王的工作结果必然还是不能符合我的预期，但小王自己却感受不到这个情况，他脑海中存放的信息始终是我的表扬，可是，我真正想传递给他的信息却是后半段话。当我看到他的工作结果，我慢慢地会忍无可忍，对他开始缺乏耐心，直到把他叫过来直接大骂一顿。这个时候，小王会很困惑，也很委屈，因为在他的思维里，他原来的做法被我表扬过，为什么他继续保持后会被我骂呢？然后他的工作积极性大概率会下降，开始消沉。同时，对我而言，小王的工作结果不符合我的要求，必然会影响我带领的整个团队的绩效，对我自己的发展也会产生负面影响，小王的工作态度由好转坏，又必然会影响到团队其他成员的工作状态，进而对团队产生负面的影响。最终，由于小王犯了选择性感知的主观错误，造成了"多输"的最差结果。在此，为了更好地帮大家理解选择性感知的问题，我再举一个生活中比较常见的小例子，如一位年轻小伙喜欢上一位女孩，然后他对这位女孩展开疯狂的追求，但这位女孩却早已心有所属，并不喜欢这位小伙。于是，某天晚上，这位女孩把小伙约出来，想和他说清楚。大家想一想，在日常生活场景中，这位女孩一般会怎么拒绝小伙呢？应该大概率会说这样的话："你很优秀，但是我配不上你。"小伙听到后，他可能会非常激动，因为他听进去了"你很优秀",这是他想听的话,但他却主观规避了不想听但却是女孩真正想说的"但是我配不上你"。于是,小伙可能会继续比较热烈地追求女孩,他会认为:"既然你觉得我很优秀,你就不用'但是'了,我觉得你配得上我就行了。"这种情况下,大家想一想,结果会如何……这就是选择性感知作为第三种主观障碍类型会导致的问题。当我们能够意识到这种主观障碍,我们就能够有效地克服,在日常工作和生活中,在相互沟通时,我们要多认真听那些我们不爱听的、不想听的、难听的话,也就是"但是"后面的话,因为这些话才是这次沟通中真实传递的信息,只有铭记与思考这些话,我们的行动才能够变得有效,我们自身的沟通能力也才能够获得持续提升。

其四,映射问题,这是我总结的比较常见的第四种主观错误。每个人都会犯这类错误,在我 20 多年的商务实践中,我甚至认为这类主观错误是所有主观障碍的问题之源。什么叫映射?这是我对此类主观错误的一种形象性概括,即把我的思维方式投射并映在对方的思维中,通俗地说,即对当前的某件事情或某种现象,我认为我是这么想的,那么对方肯定也是这么想的。我先举一个生活中的小例子,让大家对映射问题有一点感觉,如今天下班了我邀请两位同事一起出去吃饭,到买单的时候了,其中一位同事突然感觉肠胃不适去了卫生间,另一位同事正好要接电话,这时,服务员拿着账单站在我旁边,我看到这种情况就主动结了账,我认为这次是我买单,下次如果还是我们三个人出来吃饭,他们肯定会买单。为什么我会这么认为呢?那是因为以我的性格和思维,我从不愿意欠人情,所以,如果我和朋友一起吃饭,这次朋友买了单,那下次我们再一起吃饭时我肯定会抢着买单,这是我的想法和习惯,因此,我就会认为,既然我是这么想的,那么其他人也是这么想的。但很遗憾的是,每个人的性格和思维都是完全不同的,想法和习惯也存在很多差异。我们再回到刚才那个买单的小例子,过了几天,我又邀请这两位同事一起吃饭,这时,在我的脑海中已经有了预设,即今天吃饭肯定是他们其中之一买单,因为上次我买过单了,但是到买单的时候,上次那位肠胃不适的同事忙于电话,而另外一位上次接电话的同事突发肠胃不适去了卫生间,这时服务员拿着账单又站在我旁边,我只能又买了单。此时,大家想一想,我内心会是什么感受?必然是很不开心,但在我们的文化里,只要情商不为零,往往我们都不会把心里的这种真实情绪和想法直接说出来,而是在自己心里判断和琢磨,并明显改变自己后续的行为。在这个小例子中,虽然我嘴上没说,但实际上我已经把对这两位同事的不满放在心里了,那两位同事可能并没有感觉到我的这种不满,因为在他们的性格和思维里没有要轮流买单。这个小例子还没结束,我们可以继续向后进行情景假设,又过了几天,那两位同事看我最近对他们很冷漠,也不明白为什么,于是他们主动约我一起去吃饭。大家想一想,我会去吗?我肯定不会去的,因为基于先前经验,我会想到吃完饭又是我买单。当我拒绝他们后,他们也会觉得很困惑,他们可能会想,我对他们不是一直很好吗,经常请他们吃饭,为什么突然态度大转弯?他们陷入迷茫之中,不知我对他们早已心生不满。这就是映射问题。通过这个小例子,我们能够更好、更深刻地理解映射,即因忽略了人与人之间的差异,进而主观地认为他人具有我们基于自己性格和思维形成的我们的想法和习惯。从而导致在真实的沟通中,出现冲突、低效沟通和不良结果。

映射问题在我们的工作和生活中无处不在,例如,一位外国朋友上午到访我家,临近中午时,我们的交流结束了,这位外国朋友准备离开,然后我说了一句:"都到中午了,就在我家一起吃饭吧!吃完饭再走吧。"在我们的文化里,这是一句典型的客套话。我认为对方的回答应该是:"不了不了,不添麻烦了,下次约时间再聚。"但对方是一位外国朋友,他不懂东方文化,所以回了一句:"那行啊,吃了饭再走。"这时,我想到家里压根儿就没做饭,大家觉得此刻我内心会是什么感受……再如,一个发生在我日常中的真实故事,我是一个很随意的人,洗脸毛巾乱放,挤牙膏从中间挤等,而我夫人却是一位完美主义者,一切都要整整齐齐的,毛巾必须放好,牙膏要从最下面往上挤等。这种情况下,大家想想,我和我夫人之间是否会发生冲突?答案是必然的。我基于我的想法和习惯认为没必要这样,我想我夫人应该也会这么认为,而我夫人则认为一个正常人都应该让一切都整整齐齐的,那么我也应该这么认为。结果,问题就出现了,我在我夫人的眼里成了"不正常"的人。通过这些非常真实、浅显的小例子,我们可以更好地感受和认识自己身上存在的映射问题,我们只有真正了解和看到自己的主观问题,才能克服、解决沟通障碍,真实提升自己的沟通能力。这就是映射问题作为第四种主观障碍类型带来的问题,映射问题告诉我们:当在商务实践中,对手方对我们的提议和方案有不同的理解是非常正常的,对方的不同理解不应影响我们的主观情绪。一定要给自己心理暗示,不同的人性格和思维不同,针对同一件事情或状况有不同的习惯和想法是非常正常的,只有这样在对方持有不同观点时,我们才能够时刻保持内心的平静。一旦我们的主观情绪被影响,那么在商务对话中,我们大概率就会处于被动的局面,很难再去影响对方的思维并很难主导对话的进程和方向,尤其在跨国性商务活动中,不同文化背景下形成的性格和思维必然存在更加明显的差异。因此,当我们表达完自己的理解和认知后,一定要让对方针对我们的理解和认知逐个、细致地做出具体反馈,再有针对性地展开更加具体与深入的交流,以确保形成共同的理解和认知,保障沟通的有效性。

沟通总是发生在人与人之间,只要有人的参与,就会涉及主观思维,只要与主观思维有关,就存在人犯错误的风险。引发沟通问题和低效沟通的主观障碍很多,在我 20 多年的商务实践中,通过总结和提炼发现,思维定式、光圈效应、选择性感知和映射问题,这四种主观障碍占据了沟通中主观障碍的绝大多数。我们能够有效地克服和解决这四种主观障碍问题后,我们就可以明显感觉到自己沟通能力和水平的提升。我们再同他人沟通时,我们就能够清晰地感知自己思维的深度以及施加给对方思维的影响,进而保障沟通的有效性。基于此,我们对与信息发出者和信息接收者的主观思维相关的沟通主观障碍已形成了比较好的认识。但同时,我们还需要了解沟通中除了主观障碍之外,还存在客观障碍,也就是沟通中传递的信息本身作为客体所产生的障碍。这里我们可能会想:信息本身要么是以文字的形式,要么是以口头语言的形式传递,它会产生什么障碍呢?我在20多年商务实践中发现,信息本身作为客体产生的客观障碍,往往由三种类型问题导致,即信息不完整问题、地方语言问题和专业术语问题。

其一,信息不完整问题,这是一个非常明显的障碍源。信息本身并没有完整、清晰地描述信息发出者希望信息接收者展开的行为,那么必然会导致信息接收者很难同信息发出者在信息理解方面达成一致。那么,怎样的信息才是完整的信息呢?一个完整的信息应该包括五个要素,即信息中描述的具体事情是什么(What),这个事情应该如何一步步展开才有效(How),这个事情应该在什么时间开始做并在什么时间结束以及有哪些关键时间节点(When),这个事情应该由谁负责以及应该有哪些主要人员参与(Who),这个事情应该在什么地方展开落实且其影响范围有多大(Where)。当我们身在商务活动中,尤其是传递重要的商务信息时,我们需要细致复核信息的内容,以确定信息内容是否包含了这五个要素,从而保障信息的完整性,有效规避因信息不完整而导致的沟通障碍。

其二,地方语言问题。我举两个小例子来帮助大家理解。2005年我从武汉市本科毕业后到上海市创业,在创业期间我结识了很多不错的上海本地朋友。每次我和朋友在一起时,由于他们知道我是从湖北来到上海的,听不懂上海话,他们为了表示对我的尊重,都会讲普通话。但是,当他们讲普通话时,经常会出现一种情况,那就是在一些比较重要的信息或关键点上突然说出上海话,然后又变回普通话。这时候,由于地方语言的问题,我并没有听懂他们说的上海话,因此也就错过了他们希望传递给我的某些重要信息,沟通的效果必然会大打折扣。我们再看另外一个常见的例子,当一些华裔学者回到国内进行中文演讲时,他们的思维偶尔会在某些关键内容上，由于长期没讲中文而出现"卡壳"，最后不得不突然说出英文，然后再回到中文。当这种情况出现时，如果听众并不懂英文，那么就错过了某些关键信息，沟通的质量必然会有问题。通过这两个小例子，我们可以比较感性地认识到地方语言可能带来的沟通障碍，因此，在商务活动中，我们一定要注意避免使用地方语言，尤其沟通对象来自和我们不同的地方时，我们必须使用客观、准确、简洁、清晰并很难产生误解的语言传递信息。

其三，专业术语问题，这类问题是信息作为客体所产生客观障碍的最大来源。我们身处不同的行业，并开展不同专业的具体工作。由于长时间的专业工作，我们很容易形成专业思维习惯，即在沟通中会很自然地使用本专业常用的术语，而当我们的沟通对象同我们不在同一个行业，尤其不具备我们的专业背景时，专业术语会带来巨大的障碍，导致低效的沟通。我举一个例子来帮助大家感受一下，我由于曾经就职于某券商公司，负责投资银行的工作，慢慢受工作环境影响，我在沟通中不经意间就会使用很多证券行业的专业术语，比如溢价发行债券、折价发行债券、托管、再贴现等，证券行业还有很多其他专业术语，我这里仅有针对性地列举了小部分。我相信即使是对证券行业有所了解的非从业人员，也很难理解全部证券行业专业术语，更何况那些对证券行业完全陌生的人员呢？大家想一想，当我与身边朋友交流项目时，如果对方不了解证券行业，而我却时刻把这些专业术语挂在嘴边，我觉得很自然，可我的朋友却一头雾水，难以理解又不好意思问我，沟通效果可想而知……很多人不喜欢提问，担心提问会让人感觉到自己的"无知"。对我而言，也是同样的情况，我在与人沟通，遇到我没听明白的事情时，往往不太好意思立刻提问，担心对方会对我的专业能力产生不好的评价，所以每当我遇到不理解的信息时，我都会深情地看着对方，微笑地点头，鼓励对方继续表达，但其实我完全没有理解对方刚才传递的信息。这样持续下去，这个沟通必然是无效的。因此，我们在商务活动中，尤其是与不在同一行业以及不从事相同专业的人沟通时，应尽量避免使用专业术语，如果自己不经意间传递的信息中含有专业术语，那么紧接着一定要主动对这个专业术语进行解释，以保障对方准确理解我们所传递的信息，不出现偏差，否则一个偏差的产生，大概率会带来另一个更大的偏差，这样持续下去，这个沟通的结果就非常糟糕了。

基于此，信息本身作为客体，可能产生的沟通客观障碍，主要是由信息不完整问题、地方语言问题和专业术语问题导致的。信息是一种客观的存在，没有主观思维那么复杂，所以沟通客观障碍的克服与解决相对比较容易，只要我们意识到信息本身在这三个方面可能会产生障碍，我们在传递信息时，确定与斟酌信息内容，就能够有效规避这三方面的问题，从而避免沟通的客观障碍。

掌握沟通方法

在我们实现了对沟通过程的认知和对沟通障碍的理解后，高效沟通技巧的培育就进入了最为重要的第三步，即通过掌握有效的沟通方法，使自己成为一位真正具备软技术的沟通高手。从2001年我大学二年级休学卖保险开始，到我复学后在校园销售代理产品，到大学本科毕业后独自来上海创业，到攻读硕士学位和博士学位期间开展管理咨询项目和培训项目的市场拓展，到进入某券商公司负责投资银行部门筹备工作，并因公司当时资源匮乏而带领团队开发市场，再到自己加入某基金公司负责市场业务，最后到回到高校任教并负责学校的市场工作，我通过以上20多年的市场工作积累、总结与提炼，形成了一套自创的、有效的实战性沟通方法，该方法可以划分为六个具体步骤。

第一步，沟通准备。任何有效的沟通在沟通活动正式展开前都必须做充分的准备，如果没有做好准备，那么在沟通的过程中，就很难达到影响对方思维并主导整个沟通进程的效果，还有很大概率在沟通进程中自我迷失并被对方引导，处于极度被动的局面。充分的沟通准备，是沟通成功的重要基础，那么到底应该准备什么呢？如果要准备的太多，工作就会变得有一些复杂，在我们培育沟通技巧的过程中可能就会很难完整掌握。我通过20多年的商务实践经验，将沟通准备的内容主要聚焦于两个方面，在这两个方面准备得充分了，基本上就能够很好地保证沟通进程不偏离我们所希望的方向。这两个方面是明确沟通目标、情绪和体力的充分准备。在正式沟通开始前，一定要非常清晰、具体地明确沟通的目标，也就是说，通过这次沟通我们期望达到什么效果，期望对方产生哪些行为。沟通目标是整个沟通过程的方向，只有将沟通目标时刻谨记于心，我们才能够在沟通进程中，非常清楚地将对方引向我们所希望的方向，以及在遇到沟通冲突、沟通的方向可能会偏离我们的目标时，很快地警觉，并及时采取措施纠偏，让沟通进程重新回到我们所希望的方向，进而实现对整个沟通过程的主导，深刻地影响对方的思维。在沟通准备中，情绪和体力的准备也非常重要，因为沟通进程是一个双方思维相互影响的过程，当我们希望影响对方的思维，让对方按照我们的思维和想法发生行为时，我们要充分考虑到，对方思维被我们影响必然是有一个过程的，很难在沟通一开场，我们传递的信息就能够立刻影响对方，人和人的思维和想法不同，我们的沟通对象有同我们不一样的观点很正常，那么就会出现一种大概率的情况，即当我们提出我们的想法时，对方一开始并不认同，需要经过一段影响的过程对方才被我们影响，在这个过程中，对方很可能对我们的想法提出不同意见，甚至多次拒绝。被拒绝总是一件比较难受的事情，人心里难免产生波澜，如果我们没有做好情绪准备，那么当对方拒绝我们一次时，我们可以忍，当对方拒绝我们两次时，我们就可能有点焦躁了，而当对方拒绝我们三次或更多次时，我们可能就会冲动了。当我们冲动时，我们的主观思维必然会产生非常负面的影响。大家想一想，我们自己的思维都混乱了，还怎么影响对方呢？怎么能够主导沟通的过程呢？可以说，充分的情绪准备是指我们明白：我们的想法被对方拒绝是很正常的；如果对方不拒绝我们的想法，我们还应该感到奇怪；正常情况下，对方接受我们的想法，被我们影响都必须有一个过程。当我们做好情绪准备后，在沟通正式开始时，面对沟通对象的不同观点或拒绝，我们就能微笑面对，并能够冷静地通过对方提出的不同观点或拒绝时所传递的信息，更深层次地分析与判断，更好地了解和掌握对方内心的诉求和利益点。体力的准备也非常必要，我们在日常工作和生活中都会遇到一种情况，这个会议原计划开1小时，结果却开了3小时。在沟通过程中，经常会出现很多突发情况，如果我们没有做好体力准备，当一次沟通活动未按照计划达成共识，导致沟通时间过长，到沟通的后半段，我们就可能筋疲力尽了，这种状态必然会对我们的大脑和主观思维产生影响，使我们慢慢地被对方思维所引导，导致沟通结果走向一个我们并不希望的方向。

　　第二步，确定需求。我们做好了沟通准备后，就进入了沟通的正式开场。在沟通对话刚开始时，我们一定要注意，不要急于表达自己的想法和观点，这是因为在商务活动中，沟通双方很多时候都会存在利益冲突，也就是说我们得到的利益多一点，对方得到的利益就少一点。在这种情形下，当沟通开场时，对方对我们或多或少都会存在防备心理，如果这个时候我们着急表达自己的诉求，那么被对方拒绝和排斥的概率会很高，这会大大增加我们后续影响对方思维的难度。在沟通开场时，怎么做才是有效的呢？在这个阶段，我们应该鼓励对方多说话、多表达，然后通过对方传递的信息，判断对方在当前沟通的这件事情中关注点和利益点到底是什么，以确定对方的真实需求，为接下来我们影响对方的主观思维做铺垫。在此，大家可能会有困惑，那就是我们应该采取什么技巧去确定需求呢？其实，非常简单，就是通过提问来确定对方需求，但是，提问是有技巧的，我们可以把问题划分为两大类，即开放式问题和封闭式问题。所谓开放式问题，就是对问题的答案不设范围和限制，例如，"你今晚吃什么？"对于这个问题，每个人都有自己的答案。封闭式问题则是对问题的答案有明显限制，例如，"你今晚吃了吗？"答案只能是"吃了"或"没吃"。对于开放式问题和封闭式问题我们应该很容易理解。在沟通开场确定需求的阶段，我们应该先采用开放式问题，鼓励对方多说话、多表达，从而获得更多、更详细的对方信息，以便对其关注点和利益点形成判断，然后，针对我们所判断的对方关注点和利益点，再采用封闭式问题，锁定对方需求。在此，我将在商业实战中出现的真实情景进行简单呈现，即当我们着眼于沟通目标，通过相关开放式问题的设计，获得足够多的对方信息后，能够初步把握沟通目标所涉及的对方关注点和利益点时，我们用类似"基于刚才您表达的这些观点，我进行一下总结，您认为这件事情应该是这样……展开，是不是？您觉得这个情况应该重点聚焦……内容，对不对？……"的话术提出封闭式问题。在这里，还有一个技术性很强的内容，那就是封闭式问题前面所设置的条件有可能并不是对对方观点的真正总结，而是在我们前期就已经预设好的，实质上是我们有意而为之，旨在将对方主观思维引导到我们所希望方向上的策略设计。由于之前我们用开放式问题让对方表达了很多想法，通过这种铺垫，以及在封闭式问题抛出前又加上了"我进行一下总结"等类似的语言，这就极有可能使对方在主观上认为我们封闭式问题前面设置的条件真的是他自己的观点，其主观思维因此被我们影响。这种真实的商业情景很常见，例如，某公司董事会开会，董事长明明已经提前做好了有关决策，但在董事会刚开始时，董事长并没有立刻表达观点，而是让参会的其他人员就需要决策的事情发表意见，在所有人都发表了意见后，董事长说出"通过对大家观点的总结和梳理，我认为大家总体上觉得这件事情应该这么处理……是不是？"等话。董事长表达的观点可能是其自身在会议前就已经确定好的决策，但通过这种方式，他让在场的人员感受到这个决策好像是基于所有人观点的集体决策，是大家的想法。决策源自自己的想法,这对与会者后续的行为存在很强的约束力,在后续工作落实过程中,这个决策的推进,就会更强力和更有效。因此,通过我们的开放式问题,引导对方表达观点后,我们用封闭式问题锁定对方需求,就会给对方心理产生巨大的压迫感,进而影响对方的主观思维。关于此,我们可以再感受一下,当有人用封闭式问题问我们时,也就是我们只能够回答"是"和"否"时,我们内心会有什么感受?如果尝试一下,我们就会感到这种压迫感,当对方用一个接着一个封闭式问题问我们时,我们可能会感觉喘不过气来,在这种情况下,对方气场会越来越强,而我们的气场则会越来越弱,最后我们的思维会被对方完全牵引。我举一个例子,大家能够深切地感受:在电视或电影中可以看到,警察在审讯犯人的后半段,所问的问题基本上都是封闭式问题,让犯人对犯罪情况进行一一确认,在轮番的封闭式问题后,犯人往往会心理防线崩溃。因此,在确定需求的阶段,我们先通过开放式问题获取信息,然后用封闭式问题锁定需求,并开始影响对方的主观思维。

第三步,阐述观点。我们确定了沟通对象的需求后,就进入了表达我们想法和观点的阶段。如何表达也是一个技术活,我们千万不能站在自己的立场来表达。那怎么表达才是有效的呢?一定要结合我们在第二步中锁定的对方需求,从对方需求的角度,让对方感受到我们是在帮助他的情况下阐述我们的观点,例如,"基于你的这个关注点,我们觉得这么做对你更有帮助",又或者"考虑到你在这方面的利益诉求,我们认为这件事情这么展开对你更好",再如,我常用的一句话"我是为了你好,所以应该……"。这是一种非常有效的技巧,往往能够直达对方的内心,实现对对方思维的有效影响,进而牵引对方朝着我们希望的方向前进。在这个地方,我需要再给大家强调一个心理博弈的观点,那就是,我们所有希望对方怎么做、事情怎么展开的观点,并不是临时想到和决定的,而是在沟通准备阶段,在明确沟通目标时就已经想好和设计好的,只是我们经过了确定需求的阶段，再以为对方好的方式进行表达，会让对方在心理上感到我们好像真的是在为他考虑，进而他的主观思维被我们影响和引导。也就是说，真实情况是，我们阐述的观点就是我们自身真实关注点和利益点的表达，只是经过这种技巧的处理后，对方主观上感觉不到而已。

第四步，处理异议。当我们做了充足的沟通准备，也锁定了对方的需求，并且从对方需求的角度进行了观点的阐述时，我们虽然已经形成了对沟通对象主观思维的影响，但是一些高明的沟通对手仍有可能坚持不同的观点和异议。那么面对这种情况，如何进行高技术水平的处理呢？在此，我通过对自己20多年商务实战的总结，提出了三步法。首先，采用忽视法。当对方提出异议时，我们假装没有听见。为什么呢？因为很多时候，对方提出的问题可能是基于当前我们所传递的信息即兴提出的，而不是对方真正关注的问题，在这种情况下，一旦我们回答了对方的问题，对方大概率就会基于我们回答的内容再提出一个问题，所有提问的过程都是影响和牵引对方思维的过程，所有回答问题的过程都是被影响和被牵引的过程，如果对方一问我们一答，对方再一问我们再一答，那就非常麻烦了，我们的思维就极有可能被对方影响。面对这种情况，我们如何应对呢？其实很简单，我们只说一句话即可："你这个问题很有意义（或重要），但等我把当前我要说的事情说完后我们再聊。"如果对方是即兴提出的问题，那么当我们把当前的事情说完后，对方可能就忘记了；如果对方是有备而来，当我们把当前的事情说完后，对方会重提这个问题，揪着不放，这个时候我们也不要回答对方的问题，因为前面我已经表达过，在真实的商务活动中，如果我们遇到了沟通高手，对方极有可能就是通过向我们提问，一个接着一个，来影响和牵引我们的主观思维。那怎么办呢？这时，我们就进入到第二步的方法，采用转化法，即通过反问的方式，将对方的问题再抛回给对方。当我们反问对方时，我们内心能明显感到一种轻松感，反问能够实现相互气场的转化，我们被问问题时，内心感受是压迫的，反问后这种压迫感很明显地被推给了对方。转化法在实践中，除了摆脱对方对我们心理上的压迫外，更大的价值是帮助我们进一步了解对方提问的真实目的，以及增加对方向我们提问的心理成本，让对方觉得向我们提问很有压力，进而不敢轻易向我们提问，这对我们占据沟通的主动权和主导地位非常重要。此时，如果对方准备得非常充分，针对我们的反问，进行了详尽的回答与反馈，这时我们也不要有太大的心理压力，一定不要轻易地回答对方提出的问题，尤其是针对这个问题我们在沟通准备阶段并没有进行充分的信息收集、判断与准备时，如果草率回答和应对，极有可能会露出我们的破绽，进而导致我们处于非常不利的局面。在这种情况下，我们进入最后一步的方法，采用分离法，即将对方提出的问题与当前沟通的事情进行分离。针对分离法，我用一句话来帮助大家更好地形成感性认识："听完您刚才的描述，我觉得这个问题涉及的事情非常重要，也很有价值，但这个事情好像并不是本次我们沟通需要聚焦和关注的重点，所以我建议我们再约一个时间，针对您提出的这个问题，进行专题探讨。"通过分离法，我们有更加充足的时间就对方提出的问题进行准备，以支持和保障我们在沟通中占据主动权和主导地位。

第五步，达成共识。当我们对异议进行了技术性的、有效的处理后，就到了沟通的第五步。在双方通过沟通对沟通的事情形成了共同的理解和认知后，就进入了达成共识的阶段，在这个阶段，有两件事情必须要展开。其一，我们要毫不吝啬地赞美对方，不断地向对方表达这个合作对对方的价值以及给其带来的利益，让对方主观上产生一种感觉，那就是这个合作确实使其受益很多，只要对方主观上形成了这种印象，对方就会觉得这个合作非常值得，这对于保障双方达成共识后的具体实施有很大帮助。如果形成的共识，不实施或实施得不到位，那相当于前面的所有沟通过程与技巧的发挥都是白费的，双方达成的共识只有通过有效实施才能够变现为价值。在此，我向大家传递一个理念，那就是对方觉得一个合作值不值，在很大程度上并不是由这个合作客观产生的结果决定的,而是由对方主观上的认知决定的。例如,一把木头椅子的成本是 100 元。这把椅子的售价如果按照传统成本定价的方式,定价为 120 元就不错了;真正的商务高手并不会采用成本定价的方式,而是会对这把木头椅子进行内涵包装与故事设计,让人觉得这把椅子非常有价值和稀缺性,因而当我们主观上觉得这把椅子值 10 000 元时,发现这把椅子的售价才 5 000 元,我们就会非常开心和兴奋地买下来,还会觉得自己捡了个大便宜,这时我们可能根本不会考虑这把椅子的成本只有 100 元。通过这个例子,我想应该能够解释为什么我们在达成共识阶段需要不断地赞美对方,那就是为了影响对方的主观思维判断,让对方感觉"飘飘然",从而使对方心中对当前合作的价值以及利益产生放大的感受,进而在主观上对当前的合作感到非常满足。其二,忍住自己内心的喜悦。这里大家可能会有些困惑,双方通过沟通达成了共识,形成了合作,我们为什么要忍住这份喜悦的心情呢?这里有一个非常重要的心理现象,那就是在我们的工作和生活中,如果我们各方面都表现得非常优秀和顺利,这时必然会有一部分人眼红,然后针对我们,给我们制造障碍。当这种情况出现的时候,我们就会遇到很多不必要的烦恼和麻烦。当然,并不是所有人都有这种不健康的心理,但有这种心理的人在真实的工作和生活中确实存在。我们经常听到一句话——"闷声发大财"。因此,当我们和对方通过沟通达成共识后,如果我们表现得过于开心和兴奋,这时不排除对方可能会认为我们通过这个合作获得了更大的利益,当对方主观觉得我们获得的利益比他们的大时,对方可能会产生心理不平衡的状态,心理不平衡最终都会通过行为表现出来,后面的合作就可能会遇到一些本可以避免的障碍与难度。因此,在达成共识阶段,赞美对方和忍住自己内心的喜悦,对我们是有帮助和有价值的。

第六步,共同实施。随后,我们进入沟通的第六步。在这个阶段,我们需要注意应该提前建立一个消灭冲突或问题的处理机制。商务活动的任何沟通都是在只能收集到有限信息的背景下展开的，不可能完全预料到未来实施过程中存在的全部因素，尤其是一些突发因素。例如，洪水、地震、传染病等不可抗力因素必然会对已经达成的合作的实施产生严重影响，如果我们没有提前建立好消灭冲突或问题的处理机制，当这些没有预料到的因素影响合作实施进展时，就可能出现双方相互推诿与冲突的风险，从而可能进一步导致合作的破裂。对于任何已建立的合作，我们都不希望它们破裂，任何合作破裂的后果都是"双输"的局面。例如，一家企业和一个供应商建立了合作后，由于难以预料的原因导致原材料价格大幅上涨，供应商产品成本增加使得原有的合作价格难以继续，于是供应商主动违约。对于供应商而言，它因为违约而支付了合同约定的违约金，还损失了订单；对于企业而言，可能大家会觉得这家企业拿到了违约金没有损失，但这只是表象，这家企业的损失可能更严重，因为供应商的违约，所以这家企业的产品不能按既定计划生产并进入市场，这家企业可能就因此错过了市场发展的机遇期，市场份额被竞争对手抢占。在此，大家应该就能够理解了，所有通过沟通达成的共识、建立的合作，只有得以有效实施才能最大地保障双方利益。如果我们提前建立好消灭冲突或问题的处理机制，那么在具体实施中，当出现难以预料的和不确定性因素时，双方就能够开诚布公地再次沟通与交流，共同探讨解决方案，维持合作关系，保障合作的推进。

基于此，我们从商务实战的角度，掌握了有效沟通的方法，即沟通准备、确定需求、阐述观点、处理异议、达成共识和共同实施六个具体步骤。

最后，我选取了一个让我终生难忘的真实案例，让大家感受一下，我是如何运用我所提出的沟通方法来影响对方的主观思维，进而达到我的目的的。我曾经在 2012 年投资了一家酒吧，这家酒吧位于武汉大学靠东湖的校门附近，酒吧名叫"Radio Rock"。酒吧共有三层：第一层有驻唱，光线偏暗，音响效果较大；第二层光线较亮，音响效果较小，适合朋友谈事；第三层为阳光房，适合聚会。酒吧开业那天晚上，一个非法商贩带着四个彪形大汉来到酒吧,然后直接走到吧台,问我们来自西班牙的调酒师 Alex 这个酒吧老板在哪里。这个时候,我正好在二楼和一位好友一边品威士忌一边聊天。听到 Alex 拿着麦克风在一楼叫我,说有人找我,于是我从二楼准备下楼,当走到楼道转角时,我看到楼下黑压压的一群人,我的本能告诉我肯定有不好的事情即将发生。这时,我非常想退回去,并充分感受到了人的趋利避害的本能,但此刻下面黑压压的那群人全部抬头看着在楼道转角的我,我没法往后退了。那个非法商贩用手指着我,让我下来,我就只能乖巧地下去了。然后,我记得非常清楚,那个非法商贩对我说:"你犯事了,你犯大事了!"我听到后,一头雾水,我当时脑海里在想:如果我真犯事了,那不应该是警察来找我吗,为什么是他来找我呢?再一想,我一直都是守法好公民,从没做过坏事,怎么会犯事呢?紧接着,我给自己心理暗示,自己一定要冷静、不要紧张,先摸清楚对方的目的再看如何用策略应对。于是,我很平静地问了那个非法商贩一个问题:"大哥,到底什么事情?您说我犯事了,我特别紧张,我是一个非常老实的人,智商也不高,确实不知道做错了什么,请大哥具体指教指教,感谢大哥。"听完我说的话后,非法商贩盯着我说道:"在这片区域,只能够卖我的酒,不能够卖别的酒,你说你是不是犯事了,坏了规矩,这事情还不大吗?"听到这里,我基本上明白了,由于酒吧的位置靠近东湖,在东湖边上有非常多的餐馆,这个非法商贩想通过强买强卖的方式赚取高额利润。这个时候,我说了一句话:"大哥,原来是这样,我真是愚钝,原来不知道,大哥,您也千万别生气,这样,您到那边坐着,我们坐着聊吧!"说完我让服务员带着这个非法商贩到距离吧台最远的软座沙发上就座,那四个彪形大汉也随着一起过去了。

这个时候,大家可能会有两个问题:其一,为什么不是我主动带他们过去就座?其二,为什么我要让服务员带他们去距离吧台最远的座位?那是因为我需要挤出一点时间做沟通的第一步:沟通准备。我从过往的商务实战经验中充分地知道，如果在没有进行沟通准备的情况下展开沟通，那么在沟通中陷入被动并被对方影响以至于最后形成一个对我不利的沟通结果的概率会非常高。所以即使形势非常严峻、局面非常紧张，我也需要一点时间进行沟通准备。当时，在有限的时间里，我明确了沟通目标，即我肯定不会卖他的酒，同时也做好了情绪和体力的准备。接着，我坐在了这个非法商贩的对面，而那四个彪形大汉则站着围着我。大家可以在脑海中通过画面去感受一下当时的场景，虽然我已经做好了准备，但仍会有些慌张，然而我必须强忍住自己心里的慌张，作为一位专业的沟通高手，必须做到临危不乱。我调整了一下呼吸，强迫自己平静下来，进入沟通的第二步：确定需求。我先用开放式问题获取信息，我问道："大哥，您刚说这片区域只能卖您的酒，我确实是才知道，那您都有哪些酒啊？"非法商贩接着说道："我这里白酒、啤酒都有，白酒有'白云边''枝江大曲''黄鹤楼'等，啤酒有'蓝带''金龙泉''三得利'等。"在获得这些信息后，我内心泛起了一丝喜悦，因为他希望通过我卖他的酒赚钱，但很遗憾的是，他所有的酒目前在我的酒吧中一种都没有，我的这家酒吧是一家纯英伦风格的酒吧，所销售的酒中，烈性酒以威士忌、伏特加为主，啤酒都是诸如"白熊""朝日"等进口啤酒，然后，就是用于各种鸡尾酒的调和酒。这个时候，我开始用封闭式问题锁定非法商贩的需求，并通过锁定他需求的过程影响其主观思维，我说道："大哥，听完刚才您说的话后，我通过总结，向您确认一下，您是希望我这里都卖您的白酒和啤酒吗？是不是？"对方必然回答"是"，我接着继续用封闭式问题引导他："大哥，我想了一下，我觉得您让我这里卖您的酒，主要还是希望通过我卖酒，您能赚点钱，是不是？"对方也必然回答"是"，此时，我已成功地通过封闭式问题将对方的主观思维从关注我卖他的酒引到从我这里赚钱的关注点上。

然后，进入沟通的第三步：阐述观点。这个时候，我开始基于对方的需求来表达我早在沟通准备中就已经设计好的观点："大哥，正是因为您想在我这里赚点钱，我真的是为了您考虑，为了您好，所以我的酒吧里不能卖您的酒啊。"当我说完后，我看到这位非法商贩有点懵，此刻我隐隐地感受到了一丝寒意，我觉得我可能会被打了，虽然心里有点慌，但还是得严格按照我在沟通准备中明确的目标，将沟通过程向我希望的方向引导。现在回想起来依然感到很幸运，当时我并没有被打。我看着他，继续基于对方的立场来表达我的观点："大哥，您听我解释，为什么我为了您好，所以我不能卖您的酒，您看，您卖的所有酒，我的酒吧里一种都没有，因为这个片区靠近东湖，基本上做生意的都是餐馆，人们在餐馆吃饭确实需要喝白酒和啤酒，而我的这个酒吧是这个片区的第一家酒吧，您看看整体氛围和感觉，我的酒吧与餐馆是完全不同的，人们在餐馆吃完饭后才可能到我的酒吧来，并且酒吧主要面向的客户都是外国人、年轻人等，您在哪个酒吧看到卖白酒了？没有吧。来我这个酒吧的客人都是以喝威士忌、伏特加等洋酒为主的，而那些喝啤酒的外国人和年轻人大多数也会选择进口的、感觉有点'小资'和格调的啤酒，纯正的英伦酒吧就是这样的环境。大哥，您想想，如果我把这些酒全部撤掉，全换上您的白酒和啤酒，您觉得还会有客人来我的酒吧吗？酒吧必然要倒闭，不仅我有损失，您也会因此有很大的损失。您想想，我卖您的酒，您把酒送到我这里时，我不可能向您立马结清款项吧，因为我的现金流有限，肯定是我先付给您一笔头期款，等酒卖掉后或者定期隔一段时间，等我有现金回流了，我再结清尾款吧。您一直在旁边那么多家餐馆卖酒，肯定也是这个模式啊。所以，如果酒吧全卖您的酒，您在收了我的头期款后，酒吧倒闭了，那时我可能就会带着您在我这里准备卖的酒跑路了，您的尾款还能收回来吗？尾款才是大头啊！正是因为如此，所以我才说，我真的是为了您好，我不能卖您的酒啊。"到这个环节，大家应该会有一点儿感觉，我说的观点就是我真实的利益表达，也是我本来就希望的结果，但通过确定对方需求，之后再从为对方考虑的角度进行表达，对方的感觉却是完全不同的，对方这个时候就已经很深刻地被我影响了,此时,我已经成功占据了这次沟通的主动权和主导地位,并继续牵引对方的思维向我希望的方向前进。

随着我对整体沟通节奏的判断和把控,现在进入沟通的第四步:处理异议。在听完我的观点后,非法商贩有点儿着急,对我说道:"我不管,你的店开在我的地盘,我就要在你这里赚钱,我就只有酒,就要你卖我的酒。"这时,我采用了分离法处理对方的异议,并给对方提出了一个新的提议:"大哥,我刚已经说了,我真的是为了您好,所以不能卖您的酒啊,句句都是我的心里话,都在为您考虑。您刚才又说到卖酒的事情,这个对您真的不利啊,如果您真的想聊,那我觉得我们换个时间再聊这个话题吧。当前我觉得更重要的事情,我们聊的重点应该还是您怎么在我酒吧里能有收益这个事情。我有个想法,我觉得人与人相逢就是缘分,是缘分就应该珍惜,您看,今晚我们认识了,我觉得我们非常投缘啊,既然这么有缘,那以后我们就是兄弟,我的酒吧就是大哥的酒吧,大哥随时来玩,全免费,大哥觉得如何?"在我用分离法规避了对方的问题后,我通过一个新提议来转移对方的注意。对我而言,这个新提议也是经过思考的,相较于普通国内酒水的成本而言,进口酒的成本更高,但那些没有喝过进口酒的人是很难适应喝进口酒的,而普通国内酒水的成本是不高的,如果对方到我酒吧来,喝普通国内酒、吃比萨等,相对于我卖他的酒而言,我的损失几乎可以忽略不计。紧接着,进入沟通的第五步:达成共识。在我提出这个新提议后,这位非法商贩突然沉默了几秒,这个时候,我知道他已经完全被我影响,我的机会来了。在这里和大家分享一个小的实战技巧,当双方在沟通博弈中出现僵持或冲突的时候,如果我们提出一个新的提议,对方沉默了几秒,那么这个信号非常重要和有价值,突然出现的沉默,反映了对方对这个新提议的瞬间认可,这个时候,我们千万不要犹豫,必须马上抓住机会,促成双方共识的达成,一旦错失这个机会,对方缓过神来,就可能无法达成共识了。因此,我在看到非法商贩突然沉默后,马上叫服务员过来,让服务员给每人一扎"朝日"生啤,赶紧促成共识,并赞美对方:"大哥,我第一眼看您,就觉得您和一般人不一样,气宇轩昂,非常有内涵,在我们聊了一会后,除了验证了我前面的判断外,我还深刻地感受到了大哥优秀的气质和思想,并且感受到大哥是一位非常仗义、非常讲义气的人,我们把这杯酒干了,以后我们就是兄弟,荣辱与共。"这时,这位非法商贩非常开心,并且注意力被我引导转移到这杯酒上。大家想一想,一扎标准啤酒杯的冰啤酒,要一口喝下去确实也不容易,这位非法商贩说道:"这么大一杯酒,怎么喝得完啊?"我接着说道:"我不管,必须干掉,不干就不够兄弟。"说完,我和这位非法商贩站起来,和身边四位彪形大汉一起,一人端起一扎标准啤酒杯的冰啤酒,碰杯开始喝,说实话,这么大一杯酒,我也很难一口气下肚,但我不能先停,因为我担心先停可能会让对方感觉到我诚意不够,在达成共识的阶段,细腻的情感感受非常重要。于是我一边喝一边看着对方,为什么呢?很简单,我一口气喝不完,对方必然也很难喝完,当我看到对方一停,我马上停下说道:"大哥,您不能停啊,必须得干完,不然不够兄弟啊。"就这样,对方停了三次,我说了三遍,分三口喝完了,并达成了共识。随后,我送非法商贩和四个彪形大汉出酒吧,在出去的路上,这位非法商贩对我说:"吴老板,你是我见过的最大气、最讲义气的老板,你这个兄弟我认了,以后有谁找你酒吧茬,你就找我,我帮你罩着。"我连忙继续赞美说道:"感谢大哥,和大哥认识真是我上辈子修来的福分,请大哥放心,我肯定不会给大哥添麻烦的,大哥,你要记住我的酒吧就是大哥的酒吧,常来玩,热烈欢迎大哥。"到这个阶段,当天的沟通完全符合我的预期,对方的主观思维被我影响和牵引,按照我的思路实现了我的目的。但是整个针对这个事情的沟通过程还没有结束,还需要进入最后一个步骤,第六步:共同实施。

过了大概一周的时间,那天晚上我也在二楼,正一个人品着威士忌。一位服务员非常着急地跑过来对我说:"老板,上次那个非法商贩现在又来了,这次还来了十几个人。"我让他别急,我问他这次过来的这么多人里面是什么样的人员结构。他告诉我都是年轻人,有男有女。这时,我明白了,我让服务员别紧张,这次他们是过来娱乐的,他们需要看看基于我上次那个提议形成的共识是不是真的,要进入共同实施这个环节了。然后,我下楼去招待这位非法商贩和他的朋友们,让他们免费吃、免费喝,他们喝不了进口酒,他们也看不懂进口啤酒的介绍,最后我选择了酒吧里面最便宜的啤酒,当晚他们玩得很开心。我送他们出去时,非法商贩对我说:"吴老板,你真的不错,说话算话,够义气,就冲你这点,以后我不会总来你的酒吧,你做点生意也不容易,我总来白吃白喝也不好意思,我也是要面子的人。有啥事,你随时找我,我们是兄弟。"到这个时候,整个沟通才正式结束。

  通过上面的例子,大家应该能够对我提出的沟通方法有所感觉和感悟了,另外,我想再补充一点,我选取这个例子的原因是在我 20 多年的商务实战中,只有这一次与非法商贩进行沟通博弈的经历,尤其是国家和地区对不法分子、扰乱社会治安事件加大了治理力度,我以后也不会遇到这种事情了,所以这个例子让我终生难忘。在这个例子中,我用几乎还原当时真实场景的方式,帮助大家对我提出的有效沟通六步法有更加深刻的理解和感受,并充分掌握其精髓,然后,再通过对沟通过程的认知与结构化、对沟通障碍的理解与克服,真正实现自身沟通能力和水平的持续提升,培育高效的沟通技巧,为成为一位专业、高超的实战性谈判高手打下根基。

第三章

谈判计划与准备

任何谈判都需要充分的计划和准备，计划和准备既是谈判的基础性工作，在某种程度上也会影响谈判整体走向，进而决定谈判的成败。

确定谈判议题

确定谈判议题，也就是确定谈判的内容是什么，这看似很简单：如果没有需要交流的事项，就不需要谈判。但在真实的商业博弈中，确定谈判议题往往是一件非常有艺术性的事情，也是整个谈判计划与准备工作的第一步。为什么这么说呢？例如，我们需要采购十台计算机，那可能有人会说，这个谈判议题不是非常明确吗，不就是采购十台计算机吗？但真实的商业博弈是这么简单吗？其实不是。就这个例子而言，如果谈判议题就是采购十台计算机，那在谈判现场，我们怎么谈呢？怎么讨价还价？又怎么向对方施加压力让对方让步呢？总不能就简单一句话"我买十台计算机，帮我打个折吧"，这种话语在谈判现场的话语交锋中是最苍白无力的：我们并没有触碰到对方的痛处,也没有让对方感觉到难过,更没有让对方感觉到我们是在帮助他,那他为什么要让步呢?如果在这样苍白的要求面前,对方也给予了一定的让步,那只能说明当前谈判的这个事情里面有非常大的让步空间(我们可争取的利益空间),我们应该猛追到底。那么应该如何猛追到底呢?这就是我们需要具体界定谈判议题的原因。谈判议题往往是将我们即将展开谈判的事情和事项进行结构化细分后的小话题,每一个小话题都能被商讨和博弈,以便我们主导整个谈判事情和事项。我们再回到刚才的小例子,我们需要采购十台计算机,那么这个谈判事情和事项的具体议题是什么呢?我们可以很快地简单划分为支付方式、售后服务、功能要求等具体议题,这是什么意思呢?这就如对方如果资金情况比较紧张,我们可以说"我们一次性付款,但价格需要再便宜一点儿"等等。也就是说,通过一些具体谈判议题的设置,在谈判现场我们就拥有了更多为自己争取利益的砝码和手段,从而有了明确的博弈方向,这有助于我们整体主导谈判活动。

在确定谈判议题的过程中,有两件事情是非常重要的。其一,我们要明白谈判议题是一个体系,是基于谈判涉及的事情和事项,结构化分解后形成的一个个小的谈判题目,这些小的谈判题目放在一起正好是当前谈判所涉及的完整事情和事项。其二,当每一个小的谈判题目确定后,还有一个非常技术性的环节,那就是对这些小的谈判题目排序,这个排序的过程非常讲究技术性:哪个小题目放在前面谈,哪个小题目放在后面谈,看似比较简单、随机,实际上蕴含了非常重要的技巧。为什么这么说呢?大家想想,在任何谈判的现场,当展开价值博弈、讨价还价的时候,我们会在一开始就做出让步吗?往往是不会的。就如我曾经去花鸟市场为家里饲养多年的宠物乌龟买一份乌龟饲料,当我拿起一盒饲料后,问这盒饲料多少钱,对方说一盒25元,我继续问了一个苍白无力的问题,那就是"能不能便宜一点儿?",为什么我会问出这种苍白无力的问题呢?那是因为针对买饲料这个谈判的事情,我事先并没有准备,临时起意,也不了解行情。在这么小的一个谈判事例中，对方一开场也很坚决，没有让步，表示一盒就是 25 元，不还价。在这个时候，我试探性问了一句："这鱼缸里面的小乌龟多少钱一只啊？"对方告诉我 50 元一只，那我顺口问了下一句："我正好有再买一只乌龟的计划，如果我买一只乌龟，这饲料能便宜一点吗？"对方思索了几秒后回复我："那饲料可以便宜 5 元。"于是，我就继续说了："那这饲料我 20 元先买了吧，下次过来再买只乌龟。"我列举了一个日常生活中非常小的谈判例子，主要就是希望通过感性认识的方式让大家明白，在任何谈判的开场，无论是大的谈判，还是小的谈判，对方都不可能很快就做出让步，让步往往发生在双方有较为充分的沟通和试探之后，也就是说，在谈判开场先谈的那个小题目上是比较容易产生僵持的，从中大家应该就能够理解，为什么说这些谈判小题目的排序非常讲究技术性了。

那么我们应该如何对这些谈判小题目排序，才更加有利于我们主导整个谈判过程呢？在这里我们首先要做一个分析，分析每一个谈判小题目关乎我们自身利益的大小，然后，把利益小的小题目放在议题排序的前面，而把利益大的小题目放在议题排序的后面。为什么这么做呢？这其实是一个非常具有技术性的过程。在谈判开场时，谈判对手方往往不会很快妥协，在这个阶段，我们和对手方在利益小的小题目上耗费大量时间和精力进行交锋，这会有什么效果呢？效果非常明显，这会严重地误导对方，让对方形成一种错觉——我们在这个小题目上花费这么多时间和精力，表明这个小题目对我们肯定很重要。这个时候，技术性的操作就出现了：我们在利益小、不重要的议题上与对方展开激烈的博弈后，我们表示可以把这个议题的利益让给对方，但对方需要把后面一个议题的利益让给我们。在谈判现场，每一个让步都是有条件的，不能够做任何无条件的让步。到这里，大家应该就明白了，我们通过对谈判议题做技术性排序，实现了通过出让一个小利益换取一个大利益的回报，从而实现我们对整个谈判活动的主导。

在这个部分，最后总结一下，谈判计划与准备的第一步是确定议题，在确定议题的过程中有两件事情非常重要：其一，把整个谈判的事情和事项结构化分解成一个个小题目，这些小题目的划分是一个系统的过程；其二，对划分的小题目排序，排序的实战原则是将对我们而言利益最小的小题目排在最前面，然后依利益从小到大排序，将对我们而言利益最大的小题目排在最后面。

明确谈判相关方地位

在正式谈判开始前，我们需要对自己在即将展开的商战博弈中所处的位置进行客观、清晰的评估和认知，同样，也需要对谈判对手方的情况进行尽可能准确的评估和认知，此外，还需要对谈判竞争关联方可能会产生的影响进行评估和认知。只有经过这个过程和准备，我们才能够比较好地把握谈判中各相关方的地位，进而，在谈判正式开场的时候，我们才能知道以一种什么样的姿态和策略进入谈判现场会更加合适，以及应该采取哪种方法对谈判过程进行引导与掌控。

首先，我们应该如何明确我们自身在谈判中的地位呢？这是一个技术性很强的过程。通过20多年的商务实战经验，我把这个过程总结为两个步骤。

第一步，清晰地认知愿望与目标。例如，一位专业的长跑运动员参加一个长跑比赛。所有参加比赛的选手都必然希望自己能够获得冠军，这是人之常情。对于这位长跑运动员而言，他也希望自己能够获得冠军，这就是愿望。在这个例子中，出现了两种假设：第一种，这位长跑运动员具备非常好的身体素质和天赋，并且具有丰富的长跑比赛经验，曾经多次获得冠军，在这种情景下，这位长跑运动员希望自己获得冠军，既是愿望，也是目标，愿望和目标是相同的。但在现实中，这种情形并不多见，具备冠军能力的总是极少数人。所以，具有价值以及我实际想分享的其实是第二种假设，即这位长跑运动员身体素质和天赋一般，属于普通人，同时他也没有太多的长跑比赛经验，更没有获得过冠军，这往往是现实中大多数人的真实状态。那么在这种情况下，大家觉得这位长跑运动员参加比赛时就不想获得冠军吗？这显然是不太可能的，任何参加比赛的专业选手都希望获得冠军，对于普通长跑运动员而言，获得冠军只能是愿望，而不能是目标。那么在这种情况下，什么是目标呢？如果他上一次参加比赛，获得了第13名，那么在本次比赛进入前10名就是目标，而获得冠军并不是目标。这一点非常重要，为什么呢？人总是有愿望的，而愿望可能是无穷尽的，但人只有对自身能力有客观、深刻的认知，知道自己的真实水平，制定合理的目标，才能够一步一个脚印获得成功。在现实中，很多人不懂这个道理，总是把愿望和目标混在一起，导致最后迷失了自己。为了更方便理解，我们继续看上面这位长跑运动员例子的第二种假设，如果这位长跑运动员没有根据自身能力制定"进入前10名"的目标，而是把"获得冠军"的愿望作为目标，那么他将会进入一种怎样的状态呢？假如在比赛过程中，他拼尽全力，最终进入前10名，实现了自己最好成绩的突破，但这距离冠军还差得比较远。从我们的角度看，他已经实现了自我突破，我们认为他应该会感到很开心，但是若从他自身的角度看，他真的会感到快乐吗？他应该不会感到快乐，为什么呢？因为他把获得冠军的愿望作为目标，只要没有获得冠军，他就没有实现目标，没有实现目标的人往往都不会真的感到快乐。在现实中，一个人做一件事情，往往只有在达到自己预设目标的情况下，才能感到快乐，达不到目标的情况下大多数人会感到沮丧。在这个例子中，这位长跑运动员受限于身体素质和天赋，虽然在多次比赛中都超越了自己，但是从未获得冠军，而他一直把获得冠军的愿望作为目标，那么大概率的结果会是，他每参加一次比赛，就被打击一次，慢慢地他会完全丧失信心，完全失去对自己曾喜欢的长跑事业的热爱，最后自我放弃、被淘汰。通过这个例子，我们应该能够感受到，把愿望和目标混为一谈将会导致多么悲哀的结果。愿望总是无限的，目标却总是具体的。

　　谈到这点时，我再进行一些拓展。我们奋斗在各行各业，我们都希望获得成就与认可，都希望成功，但什么是成功？这是没有标准和定义的，我理解的成功就是自己实现了自己既定的目标。如果我们把目标和愿望混为一谈，那么结果将会是非常糟糕的。例如，如果我们是商人，商人做生意是为了赚钱，成为当地首富是一种愿望，结合自己能力、资金水平、业务类型、客户特征等实际情况后，我们确定用 3～5 年的时间赚 1 000 万元是有可能实现的，这才是目标。如果没有明确和认知到这个根据自身实际情况确定的具体目标，而是把成为当地首富的愿望作为目标，那么只要没有成为当地首富，我们就不会感到快乐，最后迷失自我。我再举另一个类型的例子，如果我们是公务员，那必然希望通过自己的努力，为人民服务，获得更高的职位。假如一位公务员目前的职位是某副处级职位，很显然对他而言，成为当地市委书记或省级领导就是一种愿望，而担任更加重要的副处级职位或升任正处级职位才应该是目标。如果目标和愿望混为一谈，我们想想，会出现怎样的结果？那就是只要没成为当地市委书记或省级领导就不会快乐，最后必然也是迷失自我。上面这些例子是为了帮助我们能够更好地理解愿望和目标。对于一个即将展开的谈判实战而言，我们的愿望可能是赚全部的钱，在每一个议题上我们都要获得全部利益，全部按照我们既定的条件签约，但这只是美好的愿望而已，真正的目标则应该是根据我们自身的条件、实力情况、盈亏平衡、预期合作等，在评估和确定谈判中每一个议题对我们自身利益的重要性后，明确哪些议题的利益我们可以放弃或让步，哪些议题的利益我们必须占据或争取。只有能够清晰地分辨与认知愿望和目标，在谈判的实际进程中，我们才能够时刻保持清醒与主动，不会迷失自己，也能对自己获得的每一个利益点和目标感到快乐，越快乐、越轻松，越轻松、越清醒，越清醒、越主动，从而形成良性循环。

第二步，准确地把握优势与劣势。在谈判正式开场前的准备过程中，我们一定要非常清晰地认知相对于谈判对手方而言，我们自身的优势和劣势分别是什么。在这个地方，大家可能会犯一些主观上的错误，我将这种主观上的错误总结为两大类型：其一，谈判中甲方必然有绝对优势，乙方只有劣势；其二，谈判中哪一方更有实力，哪一方就有绝对优势。基于此，我们有针对性地展开分析与思考。关于第一类错误，我们第一感觉好像并没有太大的问题，在谈判中甲方肯定是强势的，如果我们是乙方，我们的这种想法在很大程度上是受两方面影响：一方面，我们可能对谈判所涉及的事情和事项中自己的价值了解得不够；另一方面，我们可能太急于成交而内心慌张，因此变得被动和不自信。在此，我们需要想明白一个问题，那就是在真实的商务场景中，为什么甲方会与乙方谈判？谈判是需要耗费时间和精力的，时间和精力都是资源，甲方愿意在乙方身上耗费这些资源，是为什么呢？那肯定是因为我们乙方有甲方需要的某种东西，可能是我们独特的产品、服务或技术。我们一定要想明白这个道理，否则当我们作为乙方与甲方谈判时，我们就可能会一直处于被甲方压迫的状态。也就是说，如果我们没有在谈判前进行充分的准备，没有基于即将展开的谈判事情和事项梳理清楚自身的价值和优势，那么我们就可能因乙方的身份而在谈判中处于被动状态，并且由于我们对自身的价值和优势的不了解而在谈判中难以自信地和甲方博弈，最终被甲方影响和牵引，错失争取我们利益最大化的好机会。同时，因为我们没有在谈判前进行充分的准备，不了解谈判所涉及事情和事项中自己的价值和优势，所以在谈判现场我们面对甲方时会不知道怎么讨价还价，也很难主导和把握谈判的进度，甚至可能对谈判进程都难以做出准确判断，因担心谈判破裂、急于成交，而最终处于被动和糟糕的局面。在真实的商务谈判中，往往是先着急的一方大概率处于被动的状态，因为着急状态的背后是这一方的核心利益点和痛点已被对方找到和按住了。如果遇到一位经验非常丰富的谈判对手，而我们是着急的一方,对方看到我们着急后就会一点都不着急了,对方越不着急,我们可能就会越着急,后面的谈判结果可想而知,我们会被对方完全拿捏。

第二类错误,也是在谈判中我们可能会犯的错误,我们错误地认为谈判双方中实力更强的一方拥有绝对的优势和话语权。这从直观上看好像也没有问题,但事实真的是这样吗?正是因为这种主观错误认知的存在,所以我们在很多真实的谈判中会发现,实力更强的一方往往会表现得比较强势,咄咄逼人,对实力较弱的一方进行攻击和打压,进而使得实力较弱的一方最终处于完全被动的状态。这个时候,如果我们是实力较弱的一方,那么我们应该怎么办呢?难道就一直任由对方压迫吗?我们进行更加深入的思考后会发现,当对方实力确实很强,对方也非常强势,并且一直把"按我们说的,那就继续;不按我们说的,那就算了"等类似的话挂在嘴边时,对方在前期谈判准备中就认为,我们实力较弱,我们非常需要这笔业务来存活和发展,所以才会不断攻击我们,其目的就是使我们慌张,进而实现他的利益最大化的效果。想明白这点后,我们再进一步思考就会发现,对方和我们谈判,肯定是因为我们的产品、服务或技术对他是有价值的,既然我们的产品、服务或技术对他是有价值的,那对方的攻击性为什么这么强呢?慢慢地,我们可能就会更深入地想明白,那就是对方希望用这种攻击性来隐藏他对我们的产品、服务或技术的需求,让我们错误地认为我们对他并不重要,从而惊慌失措,最终被他牵着走了。所以,对方的这种强势很有可能只是一种伪装,如果我们对他没有价值,他是不会和我们谈判的,既然和我们展开了谈判,那就是他认为我们是有价值的;如果我们在谈判的准备阶段,没有准确地认识自己在谈判涉及事情和事项中的价值,那么在谈判现场,当对方一直保持强势时,我们就会无所适从,非常被动。

在此,当我们对这两大类错误进行了分析后,我们会发现,在谈判的准备阶段,通过深度分析与思考,准确地把握我们在即将展开的谈判中自身具有的优势与劣势是多么重要。只有对自身优势与劣势有了清晰的认知,在谈判进行过程中，我们才能有机会争取自身利益最大化并主导整个谈判的进程。在真实的商务活动中，我们一定要明白，只要商务谈判能够进行，那就说明双方互相都有需求，而任何一方都不可能是完美的。基于此，我们必须通过谈判的每一个具体小议题，深入谈判所涉及事情和事项的细节内容，再对谈判中可能会涉及的我们自身产品、服务或技术的独特性、差异化优势等进行细致分析，明确我们在即将展开的谈判中的优势具体是什么，劣势具体是哪些。我们思考得越细，我们就会准备得越充分；我们准备得越充分，我们内心就会越自信；我们内心越自信，我们在谈判现场的气场就会越强；我们的气场越强，我们就越能够影响对方的主观思维，实现对谈判的主导。因此，在谈判中，虽然甲方或强势方可能会在谈判开场因其自身的身份而占据主导，但随着谈判的推进、双方博弈的展开、气场强弱的转换，谈判最后的结果并不是简单由甲方或强势方的身份决定的，而是由哪一方在谈判准备阶段准备得更加充分，尤其对自身优势和劣势把握得更加精准决定的。也就是说，只要我们在谈判准备阶段，精准地认知和把握自身优势和劣势，在谈判现场，无论我们是甲方还是乙方，强势方还是弱势方，我们都能够轻松面对，因为我们很清楚地知道在谈判所涉及的事情和事项中自身的价值是什么，在对方攻击我们或强势施压的时候，我们不会慌张，会因对自己的深度了解而自信，从而在整个谈判过程中，我们可以始终聚焦自身的优势展开对话，不断重复并强化我们自身优势对谈判所涉及事情和事项的价值，有效规避自身劣势，并能够在对方试图用我们的劣势影响我们主观思维时，快速地察觉并转移话题，重新聚焦到我们的优势上，以便在谈判中占据主动权和主导地位。

　　基于此，我们通过清晰地认知自己的愿望与目标，准确地把握自身优势与劣势，判断与评估了自身在即将展开的谈判中所处的位置，进而明确了我们的谈判地位。

　　为了保障我们能够占据谈判过程的主动权和主导地位，除了对自身情况的充分准备外，我们还需要对谈判对手方和竞争关联方进行分析与研究。"知己知彼，百战不殆"，对谈判对手方的分析与研究是谈判准备阶段很重要的内容之一，那么应该分析与研究什么呢？我们需要尽可能地通过收集相关信息和资料，展开分析与探讨，进而了解谈判对手方在即将展开的谈判中的真实需求和核心利益点，谈判对手方针对谈判所涉及事情和事项拥有的资源，谈判对手方的口碑和形象、谈判对手方的行业影响力以及备选方案等。

首先，我们需要清楚如何才能尽可能多地收集相关信息和资料。如果没有这些信息和资料或信息和资料较少，那么就很难客观地展开对谈判对手方的分析，分析的结果与谈判对手方的实际情况很可能会大相径庭。基于我 20 多年的商务实践，我将信息和资料的收集有效渠道划分为以下三种，即显性信息渠道、协作信息渠道和关联信息渠道。

其一，显性信息渠道。这是一种最容易收集信息和资料的渠道，是指通过对谈判对手方公开曝光的信息进行收集、归纳与分析，包括谈判对手方的年报、半年报、季报、行业协会的相关报告、研究机构的相关报告和新闻媒体的相关报告等。可以说，通过互联网、行业协会和 Wind（万得）等付费数据库，我们就能够实现对显性信息的收集。

其二，协作信息渠道。这是一种在实践中非常需要技巧的信息和资料收集渠道，所收集的信息往往很有价值。所谓协作信息，指的是通过与谈判对手方有业务协作关系的合作伙伴，和他们沟通与展开商务行为，从而获取谈判对手方未公开的信息和资料，我们实现对谈判对手方更深层次的认知与评估。在此，大家可能会有疑问，过去不是有很多这样的大企业吗？这些企业纵向一体化运作，一家企业包括几乎整个产业链，甚至连员工的教育、医疗等都纳入企业运营。没错，但当前的商务现实不同。当前经济社会的真实情况是伴随着经济全球化的逐步形成，市场竞争也呈现出全球化竞争的态势且竞争日趋激烈。在此背景下，为了获取持续的竞争优势，企业、组织、机构等不得不将重心逐渐聚焦到核心业务上以提升自己在细分领域的专业性，从过去纵向一体化发展模式向业务归核化转变，企业、组织、机构等开始逐渐剥离其非核心业务，以实现核心业务的聚焦，并通过与在非核心业务领域具有细分专业优势的其他企业、组织、机构等展开协作，形成资源跨企业的优化配置。此外，市场需求是任何企业、组织、机构等发展的动力源，企业、组织、机构等提供的产品或服务只有满足市场的需求，才能有效地实现内部价值和外部价值的有效融合，因此对市场需求的快速反应成为关键任务。伴随着市场的发展，消费者更趋理性化且对市场的要求日趋提高，体现在以下几个方面：第一，对产品或服务质量与可靠性的要求不断提高，质量和可靠性的提高经分解后主要包含了原料选用、设计水平、加工精密、外观要求等各具体环节在生产水平上的提升，可以说，消费者对产品或服务的生产过程提出了越来越高的要求。第二，对产品或服务个性化的要求不断增多，消费者日趋理性，他们通过购买行为对产品或服务的提供者持续施加影响，以期望产品或服务能更好地满足自身需求，致使产品或服务的种类越来越多，这也导致了市场竞争的白热化。第三，消费者对需求满足敏捷度的要求不断提高，在当前的市场环境中，企业、组织、机构对消费者需求的快速反应能够使消费者对产品或服务形成更加深刻的印象，有助于培养消费者对产品或服务的忠实度。此外，持续缩短从消费者需求到产品生产或服务提供，再到最终提供给顾客的周期，能够有效提升消费者对产品或服务的满意度，并降低企业、组织、机构的投资风险，使企业、组织、机构获得更好的市场竞争地位，因此，市场环境给予企业、组织、机构等的竞争压力日趋增强。第四，对服务水平的要求不断提升，在当前市场环境中，消费者对产品的售后服务及持久维护的要求越来越高，致使企业、组织、机构等投入服务领域的成本持续增加。市场需求的差异化与多样化加剧了市场竞争，进一步驱动企业、组织、机构等持续聚焦核心业务，并通过协作，有效保持和增强市场竞争力。如过去采取纵向一体化发展的某公司也开始采取主辅分离方式将一些非核心的职能部门分离出来等。因此，每一个企业、组织、机构等都是其所在产业链的一个结点，所以每一个企业、组织、机构等要生存和发展，就必须与产业链的其他结点（其他企业、组织、机构等）协作，并有效管理相互关系，以保障协作的相对稳定性，这样才能支撑该企业、组织、机构等的可持续发展。可见，与其存在协作关系的合作伙伴对该企业、组织、机构有更深的了解，也拥很多外界所不知的信息。基于我对商务现实的真实认知，我认为协作信息渠道是收集谈判对手方相关信息和资料的重要渠道。我们通过从和谈判对手方存在业务协作关系的合作伙伴那里突破，实现对谈判对手方更加深刻的把握。在此，大家可能有另一个疑惑，那就是谈判对手方的合作伙伴为什么会和我们合作？答案很简单，这是一个商业社会，谈判对手方的合作伙伴要获取利益，只要对利益有追求，就有可能实现合作。

其三，关联信息渠道。这是一个技巧要求更高的信息获取渠道，也可以叫作利益相关者渠道。我先举一个我曾经在某公司任职时，重点参与的一个真实谈判案例。在这个案例中，我在收集相关信息和资料以评估谈判对手方时，采取的就是这种方法。这个案例发生在2011年，当时正好处于资本市场的低谷期，我们需要为一家上市公司做资产重组工作，并希望通过资产重组为该上市公司注入优良资产，帮助该上市公司实现持续发展。在2011年，矿产资源受到了市场的高度关注，具有高溢价估值，因此很多上市公司的资产重组情况与矿产相关联，通过注入矿产这类硬通货资源，支撑自身的发展。因此那个时候，我所在团队在全国各地能接触到的中介机构的推荐下，寻找可以合作的优良矿产资源。在与几个城市的几种矿产类型的公司进行初步接洽和商谈后，我们逐渐锁定了合作目标。这个谈判还没正式开始时，我们在前期相互认识、交流的预热阶段，就面临困境，谈判对手方（甲方）的强势地位以及我们锁定目标的优质资源使其在谈判正式开始前就给了我们非常强的压迫感，它明确提出了三个非常高难度的合作条件。这三个条件对我们而言，每一个都很难接受，我们必须通过收集谈判对手方相关信息和资料，尽可能准确地评估谈判对手方的这三个条件中，哪些涉及对方真实的需求，哪些涉及对方的核心利益，哪些是我们可以争取让对方放弃的。我们在正式谈判开始前，必须明确我们的谈判方向，不然在正式谈判中，我们将很难向对方施加影响并占据主导地位。当时，我们能够通过互联网获取的信息非常有限，又由于不是与我们锁定的目标企业直接谈判，因此我们也没有办法通过协作信息渠道获得有价值的信息。在这种情景下，我们经过多次内部探讨，决定采取关联信息渠道获取谈判对手方的信息，通过分析谈判对手方的利益相关者，找到突破点。一个人的利益相关者无外乎其家人、朋友、合作伙伴、上级、同事、下属和管理单位等，我们尽可能地寻找和挖掘其利益相关者，并展开分析，确定了联系和接触的方式，伴随着我们具体工作的展开，从其中几位利益相关者身上实现了突破，获悉了宝贵信息。基于这些信息，我们通过研究与评估，初步确定了在谈判对手方前期提出的三个条件中，只有一个是其真实需求和核心利益，我们进而制定了有效的谈判策略，最终我们按照谈判准备时的既定计划实现了我们的谈判目标，即对方获得了其真实需求和核心利益，但放弃了另外两个条件。这个案例由于涉及一些保密信息，所以我并没有详细展开，只是希望通过这个案例让大家明白什么是关联信息渠道，以及关联信息渠道的具体实施过程是如何通过对谈判对手方利益相关者的分析与突破而展开的。

在我们掌握了收集谈判对手方相关信息和资料的三种渠道后，基于收集的信息和资料，我们将具体进行对谈判对手方的分析与研究。第一步，通过判断谈判对手方在即将展开的谈判中的真实需求和核心利益点，制定谈判策略，也就是说，在设计的谈判议题中，我们必须明确哪个具体议题涉及对手方的真实需求和核心利益点，当对方就此议题谈判时，我们应该选择哪些其他议题涉及的利益作为交换条件，与对方博弈。第二步，通过分析谈判对手方针对谈判涉及事情和事项拥有的资源，我们明晰其资源优势与劣势，针对其资源优势，做好当对方用其资源优势向我们施压，试图影响我们的主观思维时，我们的具体应对方案，以及针对其资源劣势，明确我们的相对价值，并做好在谈判中充分利用其资源劣势突出我们的价值，并影响其主观思维的具体应对方案。第三步，通过了解谈判对手方的口碑和形象，确定在谈判现场我们对对手方所传递信息的信任程度，以及如何就对手方所传递的信息进行问题设计与拓展，做好基于对对手方所传递的信息展开进一步挖掘的具体应对方案。第四步，通过了解谈判对手的行业影响力，实现对谈判对手方信誉度和履约能力的尽可能客观的认识，这有助于我们在谈判现场以及谈判促成阶段的氛围建设和合作协议细节结构的设计。第五步，通过研究谈判可能的备选方案，聚焦双方的真实需求和核心利益点，我们充分考虑在谈判出现僵持或冲突时，针对不同情况下进行具体新方案设计。

常见的情况有两种：其一，谈判局部僵持或冲突。为应对这种情况，我们必须提前针对谈判的每个具体议题进行充分思考，理解每个具体议题背后的双方利益，并做好新的利益替代方案，在新方案中必须明确每个议题中双方利益互换的具体内容。其二，谈判整体僵持或冲突。在这种情况下，双方谈判再勉强继续的风险就会很大，为了避免谈判破裂，新方案应该着眼于转移双方注意力，一方面维护好双方的感情并建立好双方的关系，另一方面通过设计来鼓励对方传递更多的信息，尤其是关于当前整体僵持或冲突原因的信息。然后通过新方案，保持双方的谈判状态和关系进而实现二次谈判，并且分析与研究对方传递的关于当前谈判整体僵持或冲突的原因，为二次谈判做更充分的准备。

通过这些准备工作的展开，我们既明确了自身在即将展开的谈判中的位置，同时也确定了谈判对手方在谈判中的位置。为了更好地支撑我们占据谈判过程中的主动权和主导地位，在此基础上，我们需要继续对谈判竞争关联方展开认识和评估。那么，什么是谈判竞争关联方？所谓谈判竞争关联方，是指针对我们在即将展开的谈判中涉及的事情和事项，能够提供类似产品或服务的企业、组织、机构等，因其同我们可能形成竞争关系，进而可能对我们的谈判开展产生潜在影响。这时，大家可能会存在一个困惑，那就是，明明对手方是与我们谈判，并不是与我们的竞争关联方谈判，那为什么竞争关联方会对我们产生影响呢？大家想一想，如果我们对与自身可能存在竞争关系的企业、组织、机构等所提供产品或服务的细节情况不了解，那么在谈判现场，若谈判对手方用我们的竞争关联方做文章，对我们施压，我们就会感到迷茫，没有方向。例如，在谈判现场，我们就我们所提供产品的特性、功能等进行描述和讲解后，对产品报价，这时，如果对手方说："你们这价格太离谱了，前面我和另外一家企业也进行了交流与询价，他们提供的产品比你们好，价格却比你们便宜30%。我如果不是看在我们过去有比较好的合作基础和关系，早就已经与那家企业合作了，都不会和你们谈了，你们这价格太离谱，你们自己再想想吧。"这种情况是谈判现场经常会出现的情况，如果我们对竞争关联方不熟悉，当此情况出现时，在谈判现场我们将不知道怎么应对，主观思维必然会出现混乱，进而在谈判中处于被动的局面。为了避免这种在谈判中对我们潜在不利情况的发生，我们在评估和认识谈判竞争关联方时，应该重点把握哪些内容呢？

在真实的商务场景中，提供与我们类似产品和服务的企业、组织、机构等的数量往往是比较多的，因此，我们不可能对所有竞争关联方的所有信息都进行系统掌握，很难做到面面俱到。但是，我们需要明白一个非常关键的价值点，那就是市面上绝对不存在两种完全一样的产品或服务，即使看上去或使用起来功能和作用都相似，但两者也绝不可能完全一样。为什么呢？大家想一想，一家企业、组织、机构等为什么会存在？其存在的理由是什么？必然是其拥有某种价值，这种价值就是在现有竞争环境下，其具备但竞争者不具备的某种能力或技术。在当前市场竞争激烈的真实情景中,这种能力或技术往往并不是显性的,更多地是以一种非常细微的某种差异化体现出来的。当市面上出现的某种新产品或新服务非常受市场欢迎时,在信息化时代,信息传递非常快速,具有生产或提供相同或类似产品或服务能力的企业、组织、机构等蜂拥而至,随之市场马上进入相对饱和的状态,所以,如果这家企业、组织、机构等生产或提供的产品或服务,与市面上存在的产品或服务完全一样,没有任何能够体现其价值的某种差异化细分能力或技术时,结果必然是这家企业、组织、机构等不可能在竞争激烈的市场中脱颖而出,很难实现在市场上被关注,以至于其生产或提供的产品或服务也会慢慢地被市场埋没并淘汰。这也就很好地解释了一种市场现象,即当市面上出现一些新的、热门的产品或服务时,虽然会很快出现一些模仿它的类似产品或服务,但是,其中绝大多数模仿它的产品或服务的生命周期都很短,因其仅仅是完全的模仿,没有任何自身价值的体现,那必然就失去了存在的理由,可是,还是有极少数企业、组织、机构等在模仿时会加入一些体现自身价值的某种独特的能力或技术,使其提供的产品或服务同市面上的产品或服务并不完全一样,存在一些差异。这些差异可能非常细微,但正是因为这种细微的差异,这家企业、组织、机构等才找到了自己在市场中存在的理由,获得了生存和发展。

基于此,大家应该就能够明白了,我为什么说市面上绝对不存在两种完全一样的产品或服务,因为在竞争环境中,只要能够与我们形成竞争关系,它们之所以具有竞争力,那必然是因为其提供的产品或服务中存在某种体现其价值的差异。这也就明确了我们评估和认识谈判竞争关联方的方向,具体而言,可以分为四个步骤展开。第一步,确定谈判竞争关联方的实际范围,是指基于即将展开的谈判中涉及的事情和事项,明确我们需要生产或提供的产品或服务的具体内容,然后,将市场中提供类似产品或服务的处于市场头部地位、具有一定行业影响力的企业、组织、机构等,具体确定为我们的谈判竞争关联方。在真实的商务谈判中，谈判对手方一般不会拿一家市面上没有听说过、没有影响力的企业、组织、机构等作为对比来向我们施压。如果我们真遇到这样的情况，我们也很容易应对，一句话表达即可，"这个都没听说过，没有代表性"。第二步，明确我们自身产品或服务的差异化内容。一方面，我们通过对谈判竞争关联方生产或提供的类似产品或服务进行非常细致的分析，并与我们自身的产品或服务一一对比，必须清晰地找出我们自身产品或服务的差异所在；另一方面，我们也必须明确哪些是谈判竞争关联方拥有但我们并不具备的细节内容。第三步，设计并突显我们拥有的差异化优势。一方面，我们需要聚焦自身产品或服务的差异化内容，结合我们在对谈判对手方分析中把握的谈判对手方的真实需求和核心利益点，通过设计将我们的产品或服务差异化内容与其真实需求和核心利益点相联结，建立我们产品或服务的差异化内容对谈判对手方价值支撑的具体思路和路径，使得我们产品或服务的差异化内容能以一种对谈判对手方独有价值的方式突显出来。另一方面，针对谈判竞争关联方拥有但我们并不具备的细节内容，我们可以通过设计将这些内容对谈判对手方的价值降到最低甚至负面。例如，当谈判对手方拿一个竞争关联方生产或提供的产品或服务中某一个我们不具备的功能模块向我们施压，试图影响我们主观思维时，我们就能够从容应对并说："这个功能对你们并没有价值啊，还可能会增加你们的使用成本，因为……"这样，我们由于进行了有针对性的准备，因此在谈判现场，就能够将一些不利的情况较容易地转化成对我们有利的情况。第四步，形成谈判竞争关联方的应对思路，即当在谈判现场，谈判对手方用竞争关联方向我们施压时，我们能够马上将对手方的注意力转移到我们生产或提供的产品或服务的差异化内容上，并通过详细描述我们具有的差异化内容对其的价值来实现对对手方主观思维的影响。当我们完成了这四步的具体准备工作后，我们也就对谈判竞争关联方充分进行了评估和认识。

最后，在谈判准备阶段，我们通过清晰认知愿望与目标、准确把握优势与劣势，形成了对自身谈判地位的认知；我们又通过收集谈判对手方的相关信息和资料，在对其真实需求和核心利益点、拥有的资源、口碑和形象、行业影响力以及备选方案展开分析与研究后，形成了对谈判对手方谈判地位的评估；我们再通过明确我们生产或提供的产品或服务的差异化内容、优势和价值，形成了对谈判竞争关联方谈判影响力的认识。至此，我们实现了对谈判相关方地位相对准确的判断，这些准备工作的夯实程度，对于我们在谈判过程中占据主动权和主导地位，进而实现对谈判整体引导和掌控的目的，是非常重要和有价值的。

知晓谈判底线与风格

在谈判准备阶段，当我们对谈判议题和谈判相关方地位进行充分的准备后，可以说，整个谈判准备阶段的主要工作内容基本完成。但为了更好地保障谈判正式开场后，我们能够以最快的速度占据谈判的主动权和主导地位，并持续保持这种状态，我们还需要对我们谈判的底线进行充分的认知和准备，并了解有哪些谈判风格，及时做好应对的准备工作。

首先，我们需要确定自己在谈判中的底线在哪里。因为在真实的谈判现场，谈判双方肯定都是朝着达成合作的方向来展开博弈的，虽然谈判的具体过程中可能会存在攻击与防御、压迫与反压迫、气场强弱转换、僵持与缓冲等各种状况，但这些状况实际上都只是谈判双方为了争取自身利益所采取的策略。如果谈判的任何一方不希望达成合作，那么这个谈判要么不会开始，要么一开始就会立马结束，这些情况往往只有谈判涉及的事情和事项已经内定好，只是需要谈判作为一个环节以符合程序要求时才会发生，故这些情况并不是正常谈判的情况，而是小概率事件。在正常的谈判中，谈判双方必然希望能够通过谈判过程达成合作以实现自身利益。也正因如此，在谈判过程中谈判双方就可能误认为，只要谈判最终实现了双方的合作，那么谈判就成功了，进而，谈判双方就可能会形成一种主观想法，那就是一切均以建立合作为导向来展开对话。这个情况直观看上去好像并没有什么问题，谈判肯定就是希望双方能够达成共识，建立合作关系，但是如果我们对自己在谈判中的底线没有提前做好准备，并不清楚底线在哪里时，在谈判现场被对方牵引，不断做出让步，最后确实也达成了合作，可是，大家想一想，这个合作是我们真正需要的合作吗？显然不是，我们谈判的目的不是达成合作，达成合作只是形式，我们真正的目的是在双方合作履行过程中，实现我们自身利益。如果我们建立了一个合作，但合作的实施并没有给我们带来利益，甚至有可能造成损失，这就本末倒置了。这时，大家可能会问，怎么会出现这样的情况呢？在真实的商务场景中，这种情况虽然并不常见，但依然会不时出现，尤其会发生在一些谈判新手和处于困境中的企业、组织、机构等身上，他们对自己的谈判底线没有做好准备，急于求成，最后，让自己处于更加被动和糟糕的局面。在此，我举一个我曾经指导过的一位创业者的实际例子，让大家能够更直观地了解为什么有人会犯这种错误。对于创业者而言，甚至对于所有从事商业活动的人而言，在发现一个自己认定的市场机会时，他们可能会不顾一切、想方设法地抓住这个机会，这个时候自身的主观思维往往很难冷静和理性地看待和分析这个机会。抓住机会这个行为本没有错误，但如果为了抓住机会，付出的代价或成本超过了自己能够承受的底线，在这种情况下，成功了当然好，但不能保证绝对会成功，不成功的概率还是很大的。一旦我们没成功，就会进入一种非常惨烈的局势中。

　　曾经，有一位我认识的创业者，他也是我的学生，他有一个小型的汽车零部件工厂，专门生产线圈零部件。由于自身有一定的技术优势，他的工厂生产的线圈零部件比市面上的更加具有竞争优势，但毕竟刚创立不久，目前还只是一家小规模工厂，生产规模非常有限。突然有一天，他主动联系我，问我能不能借钱给他，或者帮他进行融资，我问他需要多少钱，他表示需要 2 000 万元。这个数字让我大吃一惊，于是，我问他，需要这么多钱干什么，他告知我，他最近接了两家大型车企的订单（这两家企业都是国内知名车企，由于涉及商业秘密，因此我不透露它们的名称）。对他而言，其生产的线圈零部件能够被这两家大型车企认可，是一个千载难逢、快速发展的好机会。面对这个机会，他遇到了一个难题，那就是他目前的产能跟不上订单的要求，他必须快速地扩大生产规模，因此他需要在还没有收到订单货款的前提下，自己投入大量资金扩产。当时，他告知我，由于他的工厂规模小，在银行拿不到大额贷款，只能自己想办法融资，于是，他自己和家人把能抵押的固定资产都已经全部抵押，亲戚朋友能借的都已经全部借遍（主要是一些小额贷款），但是还差 2 000 万元左右的资金缺口，确实没有办法了，才向我寻求帮助。我听完后，将他约出来，一起喝了杯咖啡，当面交流了一下。我记得很清楚，当时他的状态非常紧张，整个人绷得很紧，我问了他一个问题："这看上去对你来说确实是一个好机会，但有个问题，你想过没有，你现在这种投入完全突破了自己的底线，如果订单后续出现违约，或者订单回款因一些突发情况没有按计划回流，后面的结果——这么多债务和利息，你能够承受吗？"这时，他沉默了一会，沉默其实就已经告诉了我，这个结果是他不能承受的，然后，他表示："吴老师，我觉得这么大的企业，肯定是有商业诚信的，不可能违约的。"我接着表达我的观点："你说的没错，但万事都怕有意外，这世界上永远没有百分百的事情，确实，我们不能因为可能出现意外而不去做这个事情，但我们一定要提前准备好，万一出现意外，我们能不能扛得住、熬得住、应对好，这个问题，你仔细想过没有？"紧着，他又沉默了，我也就清楚了，对此他并没有准备，他是完全孤注一掷的。

此刻，我们想一想，幸运的是这个事情没有发生在 2021 年下半年，如果发生在 2021 年下半年，谁会预料到疫情对各行各业影响那么大。汽车行业面临如此巨大的冲击呢？那如果他是在 2021 年下半年以这种方式扩大生产规模，大家想一想，他现在会处于一种什么状态，可能不止破产这么简单，家庭必然也会受到非常大的影响。可见，未来的事情永远都没有百分百，我们并不害怕不确定性，但我们需要为不确定性做好准备，只有这样才能够坚持到最后的胜利。我们再回到这个案例当时的情景中，我继续向他表达我的想法："关于这个事情，我觉得你目前的做法有点缺乏理性了，你应对未来不确定性风险的能力几乎为零，这么做，对你的风险太大。我建议，你其实可以分享一部分潜在收益出来，毕竟现在还没有真实的收益产生，通过这种方式，来大幅度地提升你在应对未来各种不确定性风险时的能力。"这个时候，我打开了他思路的一片新天空，他的状态瞬间明显轻松了很多。我继续说："我的想法是这样的，你听听看。出于为你考虑和保护你，你的线圈零部件产品的核心优势是你拥有的独特技术，你能接到这两家车企的大订单，也验证了你的技术是不错的。但你目前的劣势就是缺乏资金与抗风险能力，你不妨把劣势转移出去。我觉得可以这么操作，找一个汽车零部件的上市公司，和它合作。怎么合作呢？如果你直接稀释你现有公司的股权，我感觉有点可惜，因为这个合作仅建立在如何抓住当下这个商业机会的前提下，它就是一个生意，你不需要把你的技术共享给它，如果它有了你现在公司的股权，必然就会掌握你的核心技术了。所以，我建议以你的工厂的名义，用你的技术和订单出资，这家上市公司用实际资金出资，共同成立一家子公司，你们双方各占有这家子公司 50% 的股权，毕竟是对方出钱，你没有出钱，一半一半来分配，我觉得对方应该能够接受。同时，因为有现成的大订单，对方投钱了就会有收益，对方应该也会有意愿，也就是说，这家子公司就负责完成这两个大订单，大订单结束了，这家子公司的使命也就结束了。这样，虽然从表面上，你分享了一半的收益出去，但是仔细再想一想，这些收益都是潜在的，目前还没发生。通过这种方式，你却把潜在风险全部规避了，同时这种方式还充分保障了你的核心技术不会流失，你就可以实现无风险地锁定订单的一半收益，对你目前所处的创业起步阶段来说，我认为这是一个最好的方案。"在我说完后，这位创业者非常激动和感动。因为他是我的学生，所以我给予他全力的支持和帮助，在我的引荐下，他按照这个方式与位于上海市松江区的一家上市公司建立了合作关系，并成功实施与落地，实现了快速、安全、可持续的发展。通过这个真实的案例，我想大家应该就能够明白，为什么有人会犯突破底线的错误，以及把握好自己的底线多么重要。

因此，在谈判正式开始前，我们一定要从两方面明确自己的底线。一方面，针对谈判的所有议题，非常清晰地知道哪些议题涉及自身的真实需求和核心利益点，哪些议题对自身的利益影响并不大。这样，从整体上，我们就能够比较清楚地把握好自己的底线范围，在谈判开场和对每个议题的博弈过程中，我们就能够有明确的方向，一旦方向确定了，心里就不会慌张了，在现场就会更加自信，气场就必然更强，对对方主观思维的影响就会越主动。另一方面，针对谈判的每个具体议题，尤其是涉及我们真实需求和核心利益点的议题，我们要逐一具体细致地分析，尽可能准确地评估每个具体议题中我们的具体成本和收益，确定在每个议题上能够出让的利益底线，还需要明确，如果我们放弃了某些对自身利益影响并不大的议题，那么这些放弃的议题对我们利益形成的损失具体是多少，我们需要明确地在其他议题中将这些利益作为交换条件以形成回报，如此，当谈判现场针对每个议题展开具体交锋时，我们就能很清楚地知道这个议题对我们的重要性。如果我们放弃了不重要的议题，之后我们如何用对另一个议题利益的争取来交换，进而在谈判过程中，我们就会时刻保持非常清晰的思维和头脑，占据与维持谈判的主动权和主导地位。

其次，我们需要了解有哪些谈判风格以及如何应对。我基于20多年商务实战经验，将谈判风格总结为四种类型，即躲避型风格、理想型风格、妥协型风格和竞争型风格。

  第一，躲避型风格。躲避型风格是指，在谈判现场，谈判对手不主动也不愿意向我们传递信息，并对我们的询问与交流呈现出一种逃避的状态。这时，大家可能会问，在谈判中会有这种风格吗？如果谈判对手方一直躲避我们的问题，那这个谈判没法达成共识啊？因此，为了更好地让大家理解这种风格背后谈判对手方的真实意图是什么，我选取了一个自己的失败谈判案例，让大家感受。这个案例发生在我攻读博士学位期间，当时，我正在同济大学攻读博士学位，同时在一家管理咨询公司兼职负责市场开拓与管理咨询业务。在这个案例发生前，我们负责了一个江苏苏北地区非常大规模的风电产业园规划咨询项目，这个项目在结束后获得了各方的充分认可，使我们团队在江苏苏北地区声名鹊起。在这个背景下，我们获得了这个案例中的主角——江苏苏北地区某园区产业规划咨询项目的招标邀请。我们对这个新项目非常重视，一方面是我们团队具有做好产业规划咨询项目的专业实力，另一方面是我们不久前在当地规划咨询项目获得的成功给了我们更充足的信心，再加之有同济大学在规划领域的影响力给我们背书，故对这个新项目，我们团队势在必得。在这个新项目前期准备的有限时间内，我们团队通过资料收集和分析、国内外比较、区域特征研究、产业基础与结构特点研究、差异化优势提取、创新路径设计等深入探讨，形成了一份我们自己非常满意的投标方案，我们将以世界前沿的规划思路，打造该园区"三维"立体式产业发展方案。面对这个新项目的机会，我们团队士气高涨、信心十足。然后，我们到了江苏苏北地区该园区的招标现场，总共有三家单位受邀参与投标，除了我们外，还有一家当地某大专院校和一家位于南京的某研究机构。投标现场采取抽签决定出场顺序的方式，并明确要求先出场陈述完的单位能够旁听后出场单位的陈述，但后出场单位不能在前面旁听先出场单位的陈述。抽完签后，当地某大专院校排第一，我们排第二，南京某研究机构排第三。紧接着，就进入了各投标单位陈述方案的阶段，由于我们是第二家出场，所以我们没有听到最先出场的当地某大专院校的陈述内容，我们先不予置评。我们出场时，我先安排团队成员给谈判对手方的每个人都发了一本我们精心制作、非常翔实的招标方案，而且我们的PPT做得非常简约和精致，以突显我们的专业性，描述了我们对该项目的规划原则、目标、思路、路径和创新等。接着我们开始陈述，我们就该项目提出了从"三维"视角即打造纵向产业链、横向生产性服务链和深度影响力提升平台展开规划设计，并对每个维度下的主要建设内容进行了说明，整个方案既考虑了基础性和系统性，又实现了引领性和创新性，即便放到现在的产业规划设计中，这依然是融合了实际和前沿的优选方案。在我们陈述的过程中，我发现对手方好像完全不关注我们，既不看我们的PPT，也不问我们问题，甚至连眼神交流都没有，对手方只是随意地翻了翻我们的投标方案，而当我们陈述完后，在规定的谈判双方交流互动环节，对方没问一个问题，我们主动问对方需要我们在哪些地方进一步描述，对方的全部反应只是"嗯""哦""没有，没有"，对方不但不同我们交流，还通过不回应的方式逃避我们。现在我依然记得很清楚，那个时候的我一脸困惑，感觉对方的这种行为不符合致力于合作的对话。紧接着，南京某研究机构最后出场陈述。按照规定，我们可以在后面旁听他们的陈述。当我看到他们的PPT时，我瞬间傻眼了，他们的PPT上全部是密密麻麻的文字，他们从第一个字逐个读到了最后一个字，我听他们读都有点儿快晕过去了。整个招标方案没有当地实际情况分析、没有具体规划思路、没有任何创新，就像是读了一篇产业规划的论文；根据论文涉及的几个宏观模块表示该项目分别按这几个模块进行规划就好，没有描述具体做什么，也没有说明具体怎么做。但是，当他们讲完后，现场的交流互动环节中，双方却都非常活跃。这个时候，我基本明白了，招标方在正式招标前心中已有倾向方案。最后的结果，我想大家应该知道了，该项目经三方竞标，最终由南京某研究机构中标。通过这个真实的例子，大家应该能够理解什么是躲避型风格了，虽然这类风格不会经常出现，但当我们在谈判现场发现谈判对手方是躲避型风格时，我们心里一定要明白，这个谈判我们没有必要再坚持，必须节省精力和资源，如果我们不能通过对方躲避型风格读懂对方的内心，还对谈判内容充满期望，尽各种努力去争取，那被浪费的这些精力和资源就很可惜了，节约不必要的精力和资源对我们而言，其实也是一种收益。

第二，理想型风格。理想型风格是指在谈判过程中，谈判对手方既期望与我们达成共识，又希望与我们建立良好关系的一种状态。也就是说，在谈判现场，谈判对手方不希望与我们展开过于激烈的交锋，期望在一种愉悦轻松的氛围中交流，在增进双方情感的同时实现双方的合作。这类风格特征应该很好理解，如果能够遇到这样的谈判对手方，那么我们的谈判过程应该会非常愉快。但是，大家想一想，谈判中，谈判双方代表着各自的利益，并都在尽可能地争取自身利益的最大化，因此谈判双方在谈判进程中出现焦灼、僵持、白热化甚至冲突，都是有可能的，那么理想化风格在哪种类型的谈判对手方身上会最容易出现呢？当我们遇到这类风格的谈判对手方时，采取怎样的策略会更加有效呢？基于我20多年的商务实战经验，我发现，政府部门和国有企业的谈判对手方，呈现出理想型风格的概率会更大。通过深入分析，我们明显感受到，政府部门和国有企业的人员对工作质量的要求相对比较高，并且，其在保障工作质量的同时，还希望与外界建立良好的关系，以维护自身的声誉和正面影响。那么，在这种情况下，就会出现一种现象，即他们在争取其代表的单位利益时，他们会非常关注和在乎程序、流程、安全和结果。因此，当我们即将和政府部门和国有企业的谈判对手方展开谈判时，我们在准备工作中要明白，他们的谈判风格大概率会是理想型的。当谈判开场后如果我们进一步确定了对手方是理想型风格的，那么在谈判过程中，我们需要保持一种谦逊合作的状态，建立一种良好的谈判氛围和感觉，且对谈判的每个议题的具体内容，我们应该重点聚焦和强调我们的规范型、原则性、安全性和稳定性。

第三，妥协型风格。妥协型风格是指在谈判过程中，当我们向对手方施加压力时，对手方无条件地对我们的诉求妥协和让步的一种状态。这类谈判风格在两种情景下可能会出现。第一种，谈判涉及的事情和事项"水很深"，对方在其中拥有巨大的利益，所以，在谈判现场只要我们提出要求，对方都同意。这种情况的出现，往往是因为对谈判涉及的事情和事项的信息不对称。例如，对于刚出现的某种新兴技术，由于可以收集到的相关信息和资料非常有限，所以我们在谈判准备过程中，对其很难有相对准确的判断。再如，进入一个对我们而言的新领域，由于我们过去没有这个领域的相关经验，在收集和分析相关信息和资料时，可能获取的都是这个领域的显性信息和资料，而对这个领域缺乏深度了解，对其中的商业模式、隐藏风险等并不知晓也很难获悉，所以判断出现偏差。我举一个生活中的小例子，大家就更能感性地认知了。假如我临时决定去逛商场，在一个新品牌的服装店发现了一件自己喜欢的衣服，由于我并不是服装行业的从业人员，在网上也查不到这个新品牌，此刻对我而言，这个新品牌的服装就是一个新领域，接着，我拿着这件衣服去问这家服装店的老板："老板，这件衣服多少钱？"对方看了我一眼说道："这上面不都写着吗，300元一件。"我继续说道："这太贵了，能不能便宜一点？"然后对方问我："那你能给多少？"我想了一下说道："150元。"对方马上说道："好的，拿走。"大家想一想，在这种情景中，我一提要求，对方就妥协了，我心里肯定会觉得自己吃亏了，价格报高了，于是，为了让自己心理平衡，我又找了一件同样标价300元的衣服，再去问："老板，这件衣服价格是多少？"对方头也不抬就问道："你能给多少？"我想了一想，一定要把上件衣服的损失给挣回来，说："50元。"对方立刻表示："没问题，拿走。"对方完全不讨价还价，这个时候，大家想一想，如果是自己，估计在现场已经彻底蒙了。这个轻松的小例子比较形象地帮助大家理解了妥协型风格的第一种情景。那么，我们应该如何应对呢？在我们对妥协型风格的第一种情景有了认知后，首先，在准备阶段，我们要明确即将展开谈判中涉及的事情和事项，对我们而言，是否新技术，是否新领域，如果是，我们要清晰地明白，我们针对谈判内容所收集的信息和资料可能是非常有限的，甚至是失真的，故不要对谈判内容急于给出自己的判断；其次，在谈判开场后，我们一旦发现对方是妥协型风格，就必须立刻给自己心理暗示，即本次谈判不着急决策，应以信息收集为主要目的，多基于对方传递的信息设计问题，鼓励和引导对方传递更多的信息；最后，以本次谈判涉及事情和事项非常重要，需要内部反复斟酌、讨论以确定统一思想为由，约定下次再进行谈判，给自己充分的时间，在更加丰富的信息和资料基础上，再次进行有针对性的准备，尽可能地降低自己对谈判内容的判断失误。

相对而言，妥协型风格的第二种情景更好把握。这种情景往往是由于谈判对手方缺乏谈判经验并急于求成，进而在谈判现场，对方因害怕合作失败，而对我们步步退让，不断妥协和让步。我用一个真实的案例，让大家感受一下这种情景下妥协型风格谈判对手的状态以及我具体应对的方式。我还在企业工作期间，当时想给自己负责的部门拍一个宣传片，这个案例就是在此背景下发生的。我之前认识一位朋友，他原来是一家知名影视公司的小导演，刚刚辞职出来创业，成立了一家小型影视工作室。于是，我在准备拍宣传片时．想到了他，也希望给他一些支持，但这毕竟是一个商业行为，对我而言，我一直有一个坚持的原则，那就是朋友归朋友、生意归生意，在商言商，朋友和生意不能混为一谈。如果做不到这一点，那么我们在商业社会中是很难成为一位专业性商务高手的，更难获得自己在商业方面的成功。因此，在我和他正式谈判前，我安排我的下属邀约了三家能够拍摄部门宣传片的公司来交流与对话，以尽量了解这个行业的情况，从而做好谈判的准备工作。通过这个过程，我大概在心里对这个宣传片的行情有了比较准确的把握，即在满足我所提出需求的前提下：如果宣传片内容质量一般，价格在 10 万元左右；如果宣传片内容质量上乘，价格在 20 万~30 万元；如果宣传片内容质量非常高，那价格就需要一事一议，因为可能会涉及明星代言、全球选景等。此刻，我已经基本形成了自己在本次谈判中的策略，即用一般的价格拍出质量上乘的内容。然后，我邀请这位朋友展开对话，并在谈判前将我的需求明确告知给他，让他做好方案，进行谈判。谈判开场，相互简单寒暄后正式进入主题，我先表示："小王，对这个宣传片你前面已经了解了我们的需求，但有个实际情况是，这个宣传片是我临时想到的，它的预算并不在今年整体预算开支的计划中，所以没有钱，我只能看你的方案报价。如果价格可以，我能够从别的项目预算中稍微挤出一点点，那这事就可以做；如果价格太高，我挤不出来，那就做不了了。"对我而言，这其实是我提前准备并设计好的一种策略，因为在谈判准备过程中，我充分考虑到对方作为一家创业公司的特点，那就是对方必然会非常珍惜每一个商业机会，不会轻易放弃，再加之，我和对方是朋友关系，对方不会很快就撕破脸皮。故谈判一开始，我就采取这种压迫性的方式，目的就是向对方施压，影响对方的主观思维和判断，让对方心理上降低对这个项目的收益预期。在谈判现场，当我给对方压迫感后，我能明显感觉到对方有一点慌张。这里，我给大家分享一下我在过往的谈判中，非常喜欢营造出一种谈判氛围，那就是让对方感到难受，也就是让对方出现慌张或着急的状态，这种状态实质上反映出的是对方的核心利益点和痛点已经被我找到了，一旦我发现对方出现了一点点这种状态，那么在后续的进程中，我就会不停地拿捏对方的核心利益点和痛点，让对方越来越难受，对方就会越来越着急，对方越着急，我就越不急，我越不急，对方就会更着急，然后，对方的主观思维就会波动和受到我影响。冲动行事在这种情况下是一个大概率事件，人只要主观思维和情绪出现问题，那么决策就会不理智。

我们再回到案例中，为什么对方会出现一点慌张，那是因为我一开始就把这个项目给对方的收益预期限定了，而一家创业公司是非常需要钱的，所以，他的痛点在谈判开始阶段就已经被我拿捏住了，谈判后续走势大概率就会由我主导和掌握。接着，我按照拍出质量上乘宣传片的要求再次描述了我的需求，让对方立刻报价，"必须""一定""立刻""马上"等这些词语在谈判中使用时配合强硬的语气，会给对方心理上造成很大压力，尤其是面对一些谈判新手和急于求成的谈判对手，我们给对方形成的这种压迫感往往会使他们无所适从、思维混乱，从而完全被我们牵引。这时，对方给了我一个报价"9.8 万元"。当听到这个价格时，我虽面不改色，但心里却笑了。为什么呢？在这个案例中，我在谈判准备阶段确定的策略就是用一般的价格拍出质量上乘的内容，而一般价格的行情就是 10 万元左右，对方的公司虽然是初创的，但老板却是该行业比较资深的从业人员，对行情必然是清楚的，在这样的情况下，第一次报价就突破了行情的底线，这个信号对我而言很有价值，这个信号的潜台词已经告诉我，对方非常着急，希望尽快成交，对方公司发展很缺资金。但是，我前面说过，在商言商，这是一种专业性的体现，虽然这个报价已经到了我预期范围内，但我依然需要争取我自身利益的最大化，同时，当我通过这个信息读懂对方着急的心态后，我就一点都不着急了，我要让对方更着急。于是，不管对方如何表示，"这个价格是实价""这个价格行业最低""这个价格是基于我们朋友感情的诚意""这个价格已经没有利润了"等，我都完全不理会，我不会进入对方的话语体系，我只会让对方进入我的话语体系，我表示："这些话都别说了，没意义，我们谈合作，这个价格太离谱了，你这不瞎弄嘛，本来我就没预算，这么多钱怎么拿得出来，挤不出来啊，要不，你回去再好好想想，想好了，再报价过来，不然没法做。"大概过了三天，对方主动给了我第二次报价即"9.2 万元。"此刻，我内心已经乐开花了，感觉非常好，为什么呢？不是因为报价变低，我多获得了这么点收益，而是因为我完全掌控了对方的主观思维和想法，这种感觉非常愉悦和舒适。对方针对我提出的需求，在没有对我提出任何条件和利益置换的前提下，直接对我妥协和让步，这让我在向对手索取让步时没有一点压力，那我必然是继续逼迫对方出让更多利益，既然对方是妥协型风格，那就让对方妥协到底。

在获得这个报价后，我向对方讲了一个故事："小王，我觉得有个事情你现在还没有想明白，这个项目对你而言，并不是一个商业项目。你理解吗？这个项目对你来说，是一个进入新市场领域的机会，这个机会的价值远远超过了这个项目本身可能带给你的回报。你想一想，你在金融行业的公司从来没有拍过宣传片吧，金融行业有什么特点？那就是不差钱。我现在情况比较特殊，因为这个项目是我临时想到的，所以没有钱，我这个特例先放一边。你好好想想，就我们公司而言，哪个部门、哪个分公司不希望宣传自己啊，它们都希望宣传自己，所以都有拍摄宣传片的需求啊。但为什么没有拍呢？一方面，是担心宣传片效果不好，另一方面，是不知道哪个拍宣传片的公司比较靠谱。如果你给我的部门宣传片拍得好，那会有什么效果呢？很显然，其他部门和分公司都可能会找你拍啊。此外，金融行业那么多公司，都有需求啊，如果你不通过我拍的宣传片进入这个市场领域，这些公司谁会知道你呀？现在想明白了吗？这个项目对你而言就不是一个商业项目，而是一个蕴藏巨大新商机的发展机会。所以，你再看看你自己的报价，我看着就来气，我是基于和你的朋友感情，才争取把这种机会给你，但你明知道我没钱，还当一个商业项目向我报价，你看不到我给你的机会到底是什么，我心里很难过，你再好好想想吧。"在我给对方讲的这个故事中，我并没有直接提出让对方降价，而是通过激发对方对未来美好的憧憬来影响他对当下项目价值的理解和判断，转移对方主观思维的关注点。我通过这种方式，不断地向对方索取让步，后续又经过了两三个回合，对方不断妥协，最后在我没有做出任何让步的条件下，合作价格确定在了"7.5万元"。回忆当时的场景，其实价格定在"7.5万元"时，由于对方还是没有向我提出条件，一味对我的诉求继续妥协，我原本可以继续打压对方，让对方继续妥协，但当时看到他现场的状态，基于朋友的情谊，我就成交了。项目成交后，商业的事情已经结束。接着我以朋友的身份与他进行了交流，告诉他这次与我的谈判就当作他在创业中的一堂血淋淋的商业实战课，我将他犯的错误一一梳理和讲解，并教他谈判中应该怎么做，让他将这种教训和经历作为自己未来成长和发展的动力。这个项目最终以7.5万元的价格做出了市场上正常需要二三十万元才能完成的品质和效果。通过这个案例，大家一方面对妥协型风格的第二种情景应该有很好的认识了；另一方面也应该知道如何应对了，那就是，抓到对方的利益点和痛点后，我们不要满足于现状，而是要向对方持续施压与影响其心理，只要对方不向我们提出条件和利益置换，我们就要让对方妥协到底，争取我们自身利益的最大化。

第四，竞争型风格。竞争型风格是指在谈判一开场，谈判对手就用一种非常快的语速和较大的音量，以一种非常强势的状态，压迫我们，这个过程中甚至都不给我们充分表达观点的机会，呈现出咄咄逼人的态势，并试图通过这种方式实现对我们主观思维的快速影响，抢占谈判的主动权和主导地位。当我们的谈判对手体现出这类风格时，我们只有看透这类风格背后隐藏了哪些对方的真实想法，才能够有效应对。在真实的商务活动中，采取竞争型风格的谈判对手，往往可以被划分为两种截然不同的情况。第一种情况，谈判对手的实力并不强，在行业中地位也不高，目前不在业务应接不暇的状态，其提供的产品或服务也不具备不可替代性。在这种情况下，如果谈判对手使用竞争型风格，实质上是一种对自己内在的伪装，期望通过这种方式，对我们的主观思维造成影响，打我们一个措手不及，进而隐藏自己在谈判中的真实需求和利益点，并在谈判开场建立起自身对谈判过程的影响力。针对这种情况下竞争型风格谈判对手的应对是相对容易的，我们在谈判准备中，通过收集相关信息和资料，对谈判对手的谈判地位已经进行了评估和认识，那么对方在谈判开场试图通过竞争型风格影响我们时，我们已经看穿了对方，只需要轻松、平静、微笑、波澜不惊地看着对方表演，慢悠悠地喝一口咖啡或一口茶，甚至保持沉默。对方是很难一直表演下去的，当对方发现自己开场三板斧、所采取的策略无效，没有在谈判开场对我们产生影响时，对方内心的慌张感会很快出现，自身破绽马上就出来了。我们再对其进行击破，并反施压，趁机占据谈判的主动权和主导地位。第二种情况则完全不同，谈判对手在行业中非常有影响力，地位很高、实力很强。在这种情况下，谈判对手的竞争型风格实际上是其对自身真实状态的自信的客观呈现。我们面对这种谈判对手时，应该认真、仔细地听对方传递的信息，并做好记录，然后基于对方传递的信息，设计问题，提问并追问。既然对方如此强势，如此想说，那么我们就让对方不要停，尽量让对方一直说，对方传递给我们的信息越多，我们结合准备阶段对谈判对手的评估和认识，就越能够精准地判断和把握对方的真实需求和核心利益点。谈判现场如同战场，"一鼓作气，再而衰，三而竭。彼竭我盈，故克之"，所以，谈判对手即使很强势、攻击性很强，但在他不断地说并说了许久之后，他的气场都会渐渐变小，人很难一直保持精力完全饱满和充沛的状态。在谈判对手气势下降的过程中，我们因获取了对方对谈判涉及事情和事项的更充分信息和资料，进而，通过试探、触碰和拿捏对方的利益点和痛点，对谈判对手的主观思维和心理状况施加影响，逐步实现谈判现场的气场转换，并逐渐占据谈判的主动权和主导地位，后发制人。

　　基于此，我们实现了对躲避型风格、理想型风格、妥协型风格和竞争型风格等四种类型的理解与认识，进而，我们也就完成了谈判准备阶段需要做好的最后一部分内容。在此，我们通过确定谈判议题、明确谈判相关方地位、知晓谈判底线与风格等，在谈判正式开场前，对即将展开的谈判中涉及的事情和事项有了非常充分的准备，这些工作对我们最终占据谈判主动权和主导地位的影响，可以说是决定性的。

第四章

谈判影响因素

在谈判现场，谈判双方为争取自身利益，展开"敌进我退、敌驻我扰、敌疲我打、敌退我追"的激烈对话与交锋，但这只是我们看到的表面现象，背后是谈判双方通过对谈判现场相关影响因素的捕捉与判断，通过采用与发挥有针对性的谈判技巧，试图影响对方主观思维并牵引谈判方向的过程。因此，在谈判过程中，对谈判相关影响因素的识别、理解与把握就显得非常重要。当这些影响因素出现时，如果我们能够实现快速的察觉并及时做出正确的反应，那么它们对于我们占据谈判的主动权和主导地位会具有支撑性作用。反之，如果我们感觉不到这些影响因素，那么在谈判过程中就可能比较容易进入一种被动的局面。这些影响谈判进程的因素具体有哪些呢？针对这个问题，我进行了比较长时间的思考，回顾了我20多年市场工作的经历，在脑海中重温了自己在商务活动中各种谈判现场的画面，并进行梳理和总结，我将主要的影响因素归纳为互惠、一致性、社会佐证、喜欢、权威和稀缺性等六大因素。

运用互惠因素

互惠因素会对谈判过程中双方心理产生较大影响，进而会造成双方的主观思维波动。如果我们能充分运用互惠因素，那么就能影响对方的主观思维。什么是互惠因素呢？互惠其实是大多数人都会出现的一种心理状态，不仅存在于谈判中，而且存在于工作和生活中，这种心理因素对人的影响是普遍存在的。互惠具体是指当我们在得到对方给予的一个恩惠后，内心会感觉到欠对方一点什么，然后产生还给对方一个恩惠的想法。换一句更通俗的话，人与人之间都是存在情感的，如果有人帮助了我们，那么我们都会记住这份人情，总想着什么时候还对方这个人情，这是一种人之常情。可能有人会说，这个社会上有一些人就是不讲感情、不懂感恩，只索取不回报。确实，这种人是存在的，但一个血淋淋的现实是，这种人是不可能获得发展和职业生涯成功的。大家想一想，在商务环境中，我们帮助了某个人后，发现了他原来是这种人，我们后面还会继续帮助这个人吗？人都是不傻的，我们后面必然不会再帮助这个人了，不仅不再帮助，可能还会传播对这个人的人品的负面评价。有时候，我们的这种传播行为并不是有意为之的，例如，在某个商务晚宴上，参加晚宴的某个人无意中提到了这个人，我们可能就是随意的一句话——"这个人啊，这个人不行的，一点不讲感情，满脑子里只有自己"，这时大家会对这个人形成什么印象？必然是不太好的。人的品性是很难改的，这个人如何对待我们，他大概率也会如何对待他人。久而久之，这个人在圈内的口碑就会非常糟糕，大家再想一想，还会有人帮助这个人吗？肯定是没有的。任何人职业的发展都不可能脱离其所在的社会圈，人都是社会人，如果这个人在圈内口碑已经坏掉了，很显然，这个人是没有前途和发展的。所以，这种人不是我们考虑和分析的范畴。我们在通过自己的努力，追求自我发展和职业成功的过程中，一方面我们不能成为这种人，另一方面我们在商务场合，也不会与这种人成为朋友并产生深度交集，再一方面我们在商务谈判的现场遇到的谈判对手也不会是这种人，因为如果对方是这种人，他不可能有机会和资格获得能够代表组织利益与我们谈判的职位。正因为如此，我们对互惠因素的深刻理解就很重要，只有彻底掌握了互惠因素影响人心理的过程，我们才能够用好这个因素，从而在谈判中获得主动权和主导地位。

在此，我们先感性地想一想，如果有个人帮助了我们，那么我们第一时间会有什么心理反应呢？大概率是对这个人的感谢和感恩，觉得欠了对方一个人情，这时，我们会因为这种情感而气场变弱，说话底气不足，进而自己的主观思维较容易被对方影响。在谈判现场，这种心理状态其实是相同的，也就是说，当我们给予谈判对手一个恩惠后，对方心理上会产生波动，并且气场变弱，这时趁着对方主观思维恍惚，我们在谈判现场就获得了非常好的机会：其一，利用对方这种心理，向对方索取一个恩惠，这是一个技术活，我们可以给予对方一个比较小的恩惠，来争取对方还给我们一个比较大的恩惠，也就是说，通过出让比较小的利益来换取对方给予我们更大的利益回报；其二，利用对方这种状态，实现谈判现场气场转换，我们占据气场上风，并持续向对方施压，影响其心理，进而牵引对方的主观思维。

当我们对互惠因素有了深刻的理解后，在谈判现场，我们就应该充分利用互惠因素去影响对方，用一次出让自身小利益来换取对方给我们一个更大的利益回报，尽可能地争取我们利益的最大化，同时抓住对方因互惠因素产生心理波动的时机，占据谈判的主动权和主导地位。此外，我们也应该重点关注到，当对方试图用互惠因素影响我们时，我们要迅速察觉，并给自己心理暗示，让自己保持平静和清晰的主观思维，冷静地分析和评估对方给予我们的恩惠真正给我们带来了多少实际利益。此刻，如果对方主动向我们索取回报，我们千万不能太着急回应，务必花费一点时间，让自己判断这个恩惠带来的利益和损失，慎重决定是否接受对方主动给予我们的这个恩惠。也就是说，在给予对方一个恩惠作为回报时，我们必须确定这个利益的出让不高于我们获得的利益。

掌握一致性因素

一致性因素在谈判过程中会在两个方面产生影响。其一，面对谈判，我们需要清晰地知道，谈判中所有达成的共识，最后是需要落地实施的，我们参与谈判的目的不是形成合作，合作只是一种形式，而是双方在建立合作关系后，对合作条款的具体履行，只有合作的事情和事项被实施执行了，我们的利益最终才能得以兑现。因此，我们需要规避一种在谈判中可能存在的错误思想，那就是完全以双方合作为导向的谈判，而应该确立一种正确的谈判思想，那就是必须以双方合作后具体实施产生的价值为导向。这两种思想，从表面上看，好像差异并不大，但实际上却存在本质不同。第一种情况下，如果谈判的目的仅是形成合作，那么我们在谈判中，可能会因担心谈判破裂，在对方的压迫和进攻下，主观思维被对方影响和牵引，然后错误地做出可能突破我们底线的让步，最后虽然建立了合作关系，但准备实施时突然发现，如果我们完全按照合作条款具体展开，我们的收益则太少或者没有收益，甚至可能亏损，但合作条款是具有法律效力，无法随意调整的，合作达成的共识与合作后的履约是一致的。第二种情况则不然，我们从谈判一开始就很清楚地知道，在谈判中达成共识的每一句话、每一项条款、每一个具体事情和事项，只有具体实施执行了，我们才能够获益，也就是说，我们将合作共识后的实施效益作为我们谈判的目标。这样，在谈判过程中，我们就会一直保持非常清晰和敏感的底线思维，针对谈判中涉及的事情和事项，我们能够保证每一个承诺都不突破我们的底线，从而充分保障谈判结果对我们自身利益的有效性。可以说，一致性因素在这方面对谈判过程的影响，让我们明确谈判达成的共识内容和合作后续实施是一致的，所以在谈判中，我们应该始终坚持底线思维。

其二，伴随着谈判进程的展开，在谈判的早期、中期、后期等不同阶段，我们需要针对谈判涉及的事情和事项，聚焦谈判各具体议题，进行非常多的信息交互与沟通，我们必须确保在谈判不同阶段自己所传递的核心信息内容的一致性，也就是说，如果我们在谈判开场或早期阶段，表达了某种具有结论性的观点，那么我们就不能够在谈判中期或后期阶段推翻自己的这个具有结论性的观点，必须将自己表达过的具有结论性的观点坚持到底。这里，大家可能会有一些困惑，大家可能在想为什么呢。在真实商务场合的谈判桌上，谈判双方虽然在谈判正式开场前都会或多或少地做谈判准备，尤其是经验丰富的谈判手准备得更充分，经验较少的谈判手准备得相对简单。但无论准备得充分还是简单，谈判双方都不可能完全掌握对方的全部信息、资料和想法，都是在对对方有限的认知、评估和判断下进行利益博弈的，那么在此过程中，一旦我们表达了某种具有结论性的观点，则会给对方留下一个印象，那就是我们表达具有结论性观点的这个事情和事项是我们能够接受的底线，不能突破，然后对方可能就会在我们表达具有结论性观点的范围内对其自身利益进行充分考虑，据此达成共识，形成共同性结论。我们再进一步分析，任何商务谈判的过程都是由一系列具体议题引导并展开的，故我们同谈判对手需要就每个具体议题逐一达成共识，形成共同性结论。大家想一想，假设当前我们与对方将谈判涉及的事情和事项具体划分为五个议题，我们就前面四个议题已经达成了共识，然后在最后一个议题博弈的时候，我们因为失误，传递了某个与前面某个议题完全不一致的核心信息，这时如果对方是非常有经验的谈判手，会产生什么后果呢？对方会认为我们前面表态的具有结论性的观点存在水分，然后有较大概率会推翻前面已经达成的共识，将谈判拖入一种非常糟糕的局面。此外，对方还可能对我们的谈判诚意表示怀疑、不信任，那整个谈判就会出现颠覆性风险。

我举一个小例子来帮助大家理解这种一致性因素对谈判的影响，比如我们正在跟对方就当前对方所提供的某种产品讨价还价，对方告知我们，这个价格是最低价，最低价就是一个典型的具有结论性的观点，然而，经过一段时间博弈后，对方却给出了一个新的价格，这个价格比之前的最低价更低，对方表示这个真的是最低价了，接着又经过了一段时间的交锋，对方又给出了一个新的价格，这个价格比上一个最低价还要低，对方再次表示这个肯定是最低价了。此刻，大家想一想，我们会相信这个价格是最低价吗？大概率是不会相信的，因为对方在不断地推翻自己已经表达过的具有结论性的观点，这会让我们觉得对方诚意不够，以及认为这个价格还有很大的下降空间。那么，正确的做法是什么呢？我们还用这个小例子，我们正在跟对方就当前对方提供的某种产品讨价还价，对方告知我们，这个价格是最低价，然后，我们为了尽可能地争取自身利益的最大化，继续同对方展开博弈，对方表示刚才这个价格确实是最低价了，这个价格肯定是没有办法调整的，但基于长期合作的考虑，可以为我们争取延长一年产品保修时间，后续，无论我们再怎么和对方交锋，对方始终都没有调整这个最低价，仅在其提供给我们的相关配套服务内容方面进行了细微的调整。此刻，大家再想一想，我们会相信这个价格是最低价吗？必然是会相信的。这就是一致性因素在第二个方面对谈判过程的影响，在谈判中，我们要时刻保持在谈判不同阶段表达的具有结论性观点的一致性。所以，在谈判中，我们在表达具有某种结论性的观点时务必要谨慎，一旦表达，我们就必须保持具有结论性观点的前后一致性，同时，我们对对方表达的具有结论性的观点要进行详细的记录。随着谈判的进行，一旦发现对方传递出与其已表达过的具有结论性观点不一致的核心信息，我们就必须推翻与对方已经达成的共识，重新展开每个具体议题的对话与博弈。

设计社会佐证因素

社会佐证因素对谈判过程的影响，主要是通过利用信息不对称的客观实际情况，在谈判准备阶段，做好与谈判涉及事情和事项相类似的有针对性的故事场景的设计，然后在谈判中，用一种讲故事的方式向谈判对手施压，进而实现影响对方心理和主观思维的目的。社会佐证因素在实质上是充分利用大多数人都存在的从众思维，通过让对方感觉到别人都是这样做的，使对方在主观思维中潜移默化地形成自己也应该这样做的想法。这种情况不仅在商务场合，而且在我们的生活中也常见，如当我们买一个东西有点犹豫不决时，对方跟我们说这样一句话："大家都是这样买的，这么多人都买了，都觉得很好，都没问题……"再如一个我最近遇到的小例子，我这段时间在联系出版社商谈出版事宜，其中一家出版社提供了一份报价与支付方式的方案，我对这份方案的很多内容，尤其是支付方式表示质疑，在这种情况下，对方告诉我："我们与很多大学的很多老师一直都是这样合作的，都很顺利，您完全放心啊。我们合作了这么多老师，流程都是这样的，好多合作还是一开始就直接全款操作的，大家都是这样的。"对我而言，我由于深知从众思维对人产生的负面影响，故我的思考方式一直是理性思维方式和逆向思维方式，所以，对方试图利用从众思维，通过社会佐证因素对我施加影响的行为就难以对我发挥出效果，我对此回复道："大家是大家，我是我，你与大家怎么合作是你的事情，你与我怎么合作是我的事情，不一样，请不要再和我谈你与大家怎么合作，后面只谈我们之间具体怎么合作。"进而，我将对方拉入我的话语体系，以我为主导。这就是社会佐证因素在日常工作和生活中的体现。此外，大家可以通过我刚才在这个小例子中的处理方式，在脑海中先形成一点儿如何有效应对社会佐证因素对我们影响的前置性感觉。

为了更好地对社会佐证因素形成可感知的感性认识，我们聚焦于商务谈判的实战场景。例如，我们是一家生产木制家具的厂商，并且与一家印度尼西亚的木材供应商正在展开关于一批木材采购的商务谈判，经过多轮磋商和利益博弈后，对方给出了这批木材的最终报价，并且这个报价也已经符合我们的预期。这时，我们突然跟对方说道："我们上个月向新西兰的一家木材供应商采购了一批木材，那批木材的数量和品质等基本情况和这批木材一样，它的报价和现在你们给出的报价水平相当，我们对这类木材的国际行情还是比较清楚的，所以我们可以接受你们现在的报价。但是，我们上个月从新西兰采购的那批木材，对方的报价里包含了木材的海运费、保费和仓储费等相关费用，印度尼西亚与我国之间的距离比新西兰与我国的距离近多了，那么，你们现在的报价里应该也包含了木材的海运费、保费和仓储费等相关费用吧。"此刻，大家想一想，这家印度尼西亚木材供应商的心理会出现波动吗？大概率是会的。为什么呢？我们换位思考，想一想就能够明白了。如果我们在向别人卖东西的时候，对方同意了我们的报价，我们必然会感到非常开心，我们所卖东西的成本自己肯定是清楚的，那么生意达成，我们心里就已经能够预期到这笔业务赚了多少利润，开心是一种正常的心理反应。但是，大家要知道，开心也是一种心理波动，同样会打破内心平静时所保持的理性思维状态，只要心理出现波动，就极有可能会对主观思维造成影响。如果在这个时候，对方突然对我们提出一个附加条件，这就可能会对我们的主观思维形成牵引，因为我们此刻的主观思维已经沉浸在赚到利润的幸福画面中，于是，我们可能就很难再冷静应对，这时我们就会更容易答应对方提出的附加条件。

我们可以快速在脑海中回顾自己日常生活中经历过的小例子，如我们去买电脑，在与对方讨价还价同意了对方的报价后，然后再提出送个鼠标、U盘、移动硬盘或延长保修年限等附加条件时，对方就更容易接受。如果我们在还没有同意对方报价前，向对方提出这些附加条件，对方大概率回应"这也不行，那也不行"。我再举一个前不久我和我夫人买车的谈判实例，前段时间因为我夫人的车总是出现故障去维修，造成了工作和生活的诸多不便，于是，我决定买一款奥迪 Q5 给我夫人，把原来的车换掉。基于这个想法，我跑了六家奥迪 4S 店，并通过在网上收集、分析信息，对这款车的行情有了相对准确的把握，然后锁定了其中一家 4S 店展开谈判。在博弈的过程中，我了解了很多关于这款车配套服务的信息，尤其是有一个我认为非常有价值的信息，那就是车辆的延保服务，每延一年的费用是 3 000 元，在我同对方达成交易前，我分别提出让对方送我三年、两年、一年的延保服务，但对方都是拒绝的。对方表示车辆开的时间越长，后面出现故障的概率必然就越高，所以车辆延保服务的成本是很高的，没有办法赠送，对方一直不松口。于是，我暂时把这个事情放在一边，同对方就这款车的其他条件展开博弈。在一个多月的时间里，经过几轮谈判的过程，对方最终提出的报价已是我掌握的行情最低水平，比其他 4S 店都要低，同时，其提供的配套服务也已完全符合我的预期，这时，我向对方表示："这个价格真的还是有点贵，比其他 4S 店还是高不少，但我看到我们这段时间交流得很愉快，你态度也非常好，我感觉很好，我很在乎这种态度和感觉，所以，我觉得我们比较投缘，那就按你说的价格，我也不比较了，就这么定了，办手续吧。"我说完后，对方的喜悦之情溢于言表，我感觉很明显。突然，我继续说道："对了，那个车辆的延保啊，我觉得还是很好，刚又临时想起这事，我夫人开车的次数少，后面维修的次数可能不多，就是为了让我夫人安心，你们不会有什么成本的，就送三年给我好啦，都聊到现在了。"此刻，对方并没有像之前一样马上拒绝，而是愣住了几秒，这个现场状态的潜台词就已经告诉我答案了，那就是两个字"可行"，最后，对方向公司申请后，送给我三年延保服务。到此，我们应该能够比较直观地感受到，当达成交易、生意成功时，开心的状态会对对方的心理和主观思维造成影响，从而给了我们一个提出附加条件和进一步争取自身利益的好机会。

再回到前面的同印度尼西亚木材供应商的谈判例子中，我们正是在利用对方因开心而出现心理波动和主观思维受到影响的情况下，通过讲述一个我们在谈判准备中设计好的故事，向对方提出附加条件，进一步影响和牵引对方心理和主观思维，而对方又因信息不对称，无法核实我们讲述故事内容的真实性，进而对我们做出进一步的让步，实现我们自身利益的最大化。

基于此，大家应该能够理解什么是社会佐证因素了，也应该能够感受到社会佐证因素是如何具体影响谈判过程的。因此，我们在谈判中，尤其在谈判准备阶段，针对谈判涉及的事情和事项，可以提前设计多种故事场景，进而在谈判具体展开时，充分利用社会佐证因素尽可能地争取更多的自身利益。同时，当我们发现谈判对手试图用社会佐证因素影响我们时，我们需要立刻通过心理暗示，让自己保持平静，尤其是在对方同意了我们的报价，对方趁着我们开心，利用信息不对称与我们讲故事时，我们需要针对对方讲述的这个故事内容，进一步提出一系列具体问题，让对方传递关于这个故事的更多信息和细节。如果对方的这个故事完全是设计出来的，那面对我们的提问，必然会漏洞百出，出现破绽，不攻自破；如果对方针对这个故事准备得很充分，那么从对方传递的更多信息和细节中，我们也能够较容易地识别出，我们当前同对方的交易与对方描述故事中交易的不同之处，我们只需要抓住这些差异，强调这两个交易不是一回事，虽看似一样，但其内在却完全不同，从而掌控谈判现场的局面，规避对方试图利用社会佐证因素对我们施加影响。

利用喜欢因素

喜欢因素中所谓的喜欢并不是指我们日常生活中的那种男女情感之间的喜欢，而是指在谈判中，通过让对方形成对我们的好感，进而为我们获取机会——能够影响对方心理状态并争取自身利益的机会。具体怎么理解这种感觉呢？大家想一想两种不同的情况。第一种情况，如果我们对对方的第一感觉很不好，那么这种不好的感觉很自然地会影响我们的主观思维，让我们对对方形成偏见。在这种情况下，我们还能够很客观地听对方说话吗？往往是很难的，后续与对方的对话过程必然就不会太顺利。反之，如果我们对对方的第一印象很好，那么我们又会产生什么心理反应呢？大概率会很愿意和对方交流，与对方沟通感觉很舒适。当这种感觉出现时，在我们的主观思维中，就较容易对对方放松警惕，从而给对方影响我们主观思维并牵引我们的机会。如果在商务场合，对方是通过策划与设计，有目的地营造一种氛围让我们对其产生好感，在这种情况下，当我们主观思维放松时，我们就可能会处于一种在对话中相对危险的局面，会更加容易向对方让步。这也解释了一种商务现象，那就是我们看到很多公司中从事市场等业务工作的人员，往往都具有比较高的颜值，因为颜值高的人在具体业务谈判与对话中，更能够让对方形成对其的好感。

那么，既然喜欢因素对谈判过程有这样的影响，那么我们在谈判中应该如何做才能够让对方对我们形成这种喜欢的感觉呢？其实也不难，只要我们在谈判准备工作中做得更充分，我们就能够非常有效地利用喜欢因素来影响对方心理和主观思维。具体来说，要让人产生好感，我们就需要先明白好感形成的原因有什么，仅是颜值吗？当然，颜值确实重要，但颜值对人感觉的影响永远是停留在表层的，我们用一个每个人生活中都会有的经历想一想就能够明白，那就是，当我们看到一个长得非常漂亮的女孩或者非常英俊的男孩时，我们会直接喜欢上对方吗？应该不会吧，我们可能会因为对方长得好看多看几眼，但不可能直接就喜欢上对方，因为我们对对方还不了解，不知道是否有共同的价值观和认知，不知道是否有共同的习惯和想法，不知道生活中是否能够融洽相处等。所以，在商务谈判的利益博弈现场，这个道理是一样的，由颜值形成的这种表层好感是很难直达对方内心并引发对方心理波动的。因此，真正要让对方产生好感，就必须让对方从心理上同我们形成一种共同认知，通俗一点说，就是在谈判一开场，立马让对方能够感觉到我们和他是一路人，我们和他有很多相似点，我们和他有共同的爱好，我们和他对事情拥有一样的看法等，这样，才能够在心理层面上打动并影响对方。

我们再继续进一步，看看如何做到呢？既然对方这种喜欢的好感是来自对方的主观思维和感觉的，那么，我们就需要通过针对对方这个人做充分的功课，才能够影响其心理和主观思维，而这个功课应该怎么做呢？我用一个小例子，帮助大家理解和掌握。例如，我们通过对谈判对手人员结构的分析，尽可能地获取对方主谈人，也就是谈判对手中那个具有决定权的负责人的相关背景信息，包括但不限于个人籍贯、学习背景、职业履历、社交圈子等；再如，我们通过分析，发现对方主谈人是湖北武汉人，于是，我们对湖北武汉的地方特色、饮食习惯、生活习俗、区域文化等进行了尽量充分的信息和资料等的收集与研究。在此之后，当这个谈判正式开场时，在双方的寒暄阶段，我们就可以假装不经意间问道："陈总，听您口音，感觉您应该是湖北武汉的吧。"一般这种以及类似的语言，只要信息准确，对方听到后往往都会微微一笑，在心理上出现一丝轻松的氛围感，然后给出类似的回复："是的呀，这也能听出来，我口音这么重啊。"这就是一个我们开始向对方寻求共同认知，并让对方从心理层面认可我们的过程。紧接着，我们继续说道："陈总，不是您口音重，是我在武汉待过很长时间。我非常喜欢这座城市，对这座城市有很深的感情啊，所以，您一说话，我就明显感觉到了那种亲切感，有种回到家乡的感觉，就听出来了。"到了这里，我们对对方心理的影响程度还不够，必须通过一些细节的描述，才能更好地实现对方对我们的这种认同感，如这样说："您看，我只要一想起武汉，马上口水都要流出来了。热干面、三鲜豆皮、糊米酒，这些都是我的最爱啊，天天都在想，还有那个辣得跳的牛蛙，真是好吃啊。我还记得那时候，经常晚上在精武路，啃鸭脖、吃烧烤、喝啤酒，开心啊……还有那个东湖，真是风景好啊,每次在磨山的湖边一坐,都不想离开,真是美啊。我有好几个非常好的朋友,他们都是武汉的,为人直爽、仗义、重感情,都是一辈子的兄弟。"此刻,大家想一想,对方听到后,内心会不会产生波澜,脑海中会不会出现画面,这会勾起对方对家乡的记忆,必然会影响对方的心理和主观思维。这种影响会让对方形成对我们的认同感,在心理层面上认可我们,进而共同认知就产生了,对方在主观上对我们的好感也就出现了。当对方这种感觉存在后,其心理上对我们就大概率会松懈一些,从而其主观思维就比较容易被我们影响,进而就更容易向我们让步。人不是机器,都是有感情的,人非草木,孰能无情,这也给了我们影响对方的机会。此外,我在前面提到的针对对方,包括但不限于学习背景、职业履历、社交圈子等信息的收集与研究,与这个例子一样,也都是为了更好地找到我们与对方建立共同认知的切入点,让对方从主观上形成对我们的好感,进而帮助我们实现对对方心理和主观思维的影响,并最终实现我们争取自身利益最大化的目的。

因此,在谈判准备阶段,我们可以通过针对谈判对手主谈人进行更加充分的准备,在谈判开场后,迅速建立起对方对我们的好感,有效利用喜欢因素对谈判过程的影响,获取谈判的主动权和主导地位。同时,当我们发现对方在谈判开场也试图利用喜欢因素影响我们的心理和主观思维时,我们由于看穿了对方的策略,只需要在自己心里笑一笑,直接通过不接对方话的方式,在主观思维中忽略对方传递的这些信息,从谈判一开场就用语言直接将关注点聚焦到具体谈判议题上。这就是有效的应对。

认识权威因素

权威因素是指在谈判过程中,一些同谈判涉及事情和事项相关的具有某种权威性信息,能够直接影响谈判双方的主观思维,这种权威性信息往往来自某位具有社会影响力的专家观点，或某种具有社会公信力的相关报告。应该说，权威因素对主观思维的影响是比较好理解的，我们想一想，如果我们生病了去医院看病，医生对我们说的话会不会影响我们的主观思维？必然是会的，因为我们会认为医生比我们专业，专家的言论必然会对我们产生影响。我们再看另外一个例子，如果在社会面存在传染性病毒的背景下，某位专注于该病毒研究的知名专家发表了与该病毒相关的某种观点，这会不会对我们产生影响？很明显，这位知名专家的观点不仅会对我们产生影响，而且可能对全世界人民都产生影响，并且这种影响还会是非常深刻的，必然深深地影响和牵引我们每一个人的主观思维，这就是权威因素影响人主观思维的客观现实。

对我们而言，只要是能够影响对方心理和主观思维的因素，它就能够用于我们的商业技巧，帮助我们在与对方谈判、展开利益博弈的过程中，影响对方，并争取占据谈判主动权和主导地位，实现自身利益的最大化。具体而言，在谈判中，我们应该如何做呢？有两种常见的实战做法。

第一种，我们针对谈判涉及事情和事项所在行业领域，邀请一位在该行业领域具有一定知名度和社会影响力的专家，以顾问身份成为我们谈判组成员。在谈判开场，我们介绍他时，可以说我们在本次谈判中非常荣幸地邀请到某专家也一起参与，他主要是指导我们，提供专业建议。然后，在谈判进行过程中，这位专家基本上不发表言论，仅在我们与对方就某个具体事情和事项僵持不下时，这位专家才会从专业的视角发表自己的意见，而实际上，这种专业的视角仅仅是表面上的，其观点必然偏向我们的利益，只是这种偏向不那么直白，而是隐约体现在其专业的观点中。在此情景下，这位专家在该行业领域的专业性和影响力，将会使对方很难再反驳，进而影响对方对当前存在争议的具体事情和事项的判断，从而实现我们争取自身利益的目的。这个道理很好理解，例如，我们与对方就某个具体事项存在不同观点，各执己见。这时，一位行业知名专家谈了自己的专业看法，若其观点与我们不同，我们会直接反驳这位行业知名专家"你的观点是错误的"吗？应该说，只要我们是一个正常、明事理的人，都大概率不会做出这种事情，说出这种话。在我们的主观思维深处，对行业知名专家的身份是认可的，我们几乎不可能认为自己比他更专业，我们更可能认为行业知名专家的观点比我们更全面、更系统、更科学，行业知名专家所表达的观点是具有权威性的，这种权威性对我们的主观思维就会产生巨大影响。

  第二种，在谈判过程中，当我们与对方就谈判涉及的某个具体事情和事项的分歧较大时，可以采取现场连线的方式，远程咨询某位在该行业领域具有一定知名度和社会影响力的专家，这时针对我们和对方存在争议的具体事情和事项，这位专家发表自己的专业观点和意见。实质上，这些看似专业观点和意见都暗暗地支撑我们的利益点，通过这种方式，权威因素对对方的主观思维的影响就对我们有利。在此，大家可能会想，为什么我们邀请的这位专家会发表对我们有利的观点和意见呢？很简单，专家也有自己感兴趣和关注的利益点，那么我们就能够在和这位专家的谈判准备中，通过他关注的利益点打动他。

  基于此，我们应该对权威因素有了比较深入的理解和认知，我们可以在谈判准备阶段进行有针对性的准备，邀请我们所处行业领域某位具有一定知名度和社会影响力的专家以顾问身份直接或远程加入我们的谈判组，帮助我们在谈判中充分利用权威因素影响对方主观思维，实现最大化争取自身更多利益的目的。同时，当我们发现对方也试图通过权威因素影响我们时，为了有效应对，我们需要做到以下三步：第一步，我们对专家的观点和意见要表示出足够的尊重，并进行非常详细的记录；第二步，专家发表言论时，对利益的支持都不会非常直接，往往都是很隐晦地藏在其看似专业的观点和意见中的，故我们需要寻找专家观点和意见中与对方利益相关的部分；第三步，当对方提到专家观点和意见中与其利益相关的部分时，我们要非常敏锐地察觉到，然后明确表示，这方面专家的观点和意见非常专业，我们并没有完全理解和明白，需要再好好地学习、吸收和研究，所以，针对这部分内容涉及的事情和事项，建议下次换个时间再交流。我们通过以上三步，有效地规避了对方试图通过权威因素影响我们主观思维的风险。

策划稀缺性因素

稀缺性因素主要是指我们通过在谈判过程中营造出一种氛围，让对方感受到我们提供的产品或服务对对方而言，价值具有不可替代性，进而影响对方主观思维，引导谈判朝着有利于我们的方向展开。针对这种不可替代性，我要强调的是要让对方形成这种感觉。换句话说，我们需要影响对方主观思维对我们提供产品或服务的认知与判断。具体而言，我们应该如何实现这种效果呢？这就需要我们通过前期的分析与策划，主动突显我们提供产品或服务的某种稀缺性，而这种稀缺性又正好是有针对性地满足对方某种实际需求的。进而，我们就明白了，若要充分利用稀缺性因素影响对方，那就需要做好两方面的工作：一方面是更深度、细致地认识与把握对方的需求；另一方面是通过对我们所提供产品或服务的设计让对方感受到产品或服务的稀缺性，让对方在主观上认为其不可替代。

为了让大家更好地理解稀缺性因素，我先和大家分享一个观点：在当前的经济社会环境中，绝对的稀缺性往往是非常罕见和难得的，即使存在，这种绝对稀缺性带来的商业机会也会转瞬即逝。这是因为现在的商业经济环境已经进入了数字经济时代，各种商业信息不仅可以被便利获取，而且可以被迅速传递，这使得商业竞争白热化且日趋加剧。在此背景下，某种新技术的出现引发市场上需求的升级迭代，或者市场上某种新需求的形成，导致市场空白情况的产生，此时拥有这项新技术的少数企业、组织、机构等可能因其先发优势使其提供的产品或服务具有绝对稀缺性，能以更快的速度进入市场。但是,任何新的商业机会在数字经济时代都会非常快速地吸引具有相应能力的相关企业、组织、机构等,并且它们会以最快的速度"蜂拥而至",导致这种绝对稀缺性形成的先发优势非常快速地消失,这个市场的竞争也会非常快速地白热化。我举一个最近刚发生的例子,新冠疫情打乱了上海市社会经济的节奏,上海市人民政府为了尽快在一个相对安全的环境中推动上海复工复产,上海市新型冠状病毒感染的肺炎疫情防控工作领导小组办公室要求上海从 2022 年 4 月 5 日起,在全市推行"数字哨兵"("健康核验一体机")的措施。"数字哨兵"实质上就是一个专用的健康码智能终端,它将双目活体检测、人脸识别、身份证识别、场所码、健康码、核酸检测、抗原检测、快速测温、人证比对、高温报警、快速上报、白名单管理等多种功能集于一体,有比较高的技术要求和门槛,并且上海市每个有经营需求的场所几乎都需要安装这个"数字哨兵",以保障复工复产人员的安全,满足社会层面疫情防控的实际需求。这是一个非常典型的市场新需求,在 2022 年 4 月之前这个市场是完全空白的,我有一位好友,他的公司专注于信息化产品的研发与经营近 20 年,具有非常领先的技术水准。他在 2022 年 4 月 1 日了解这份政策文件后,认为这是一个非常好的商业机会,基于其本身具备的技术底蕴、研发基础和专业实力,仅仅花费 3 天的时间,在 2022 年 4 月 4 日,就生产出了完全符合技术要求和实际需要的产品。可以说,他的公司是第一家生产出该产品的,此刻他的产品具有绝对稀缺性。但是,到 2022 年 4 月 7 日,距离他拥有绝对稀缺性的产品才上市 3 天的时间,市场上已出现 10 余家生产出具有同样技术水平产品的企业,而在随后的时间里,市场上的竞争者越来越多。因此,这个市场的空白实际上仅仅存在了 3 天时间,我好友公司产品的绝对稀缺性也只保持了 3 天时间,还没等在市场终端价值变现,这个曾空白的市场就已经竞争激烈了。也正因如此,我们需要重点关注的稀缺性,其实并不是这种绝对稀缺性,而是相对稀缺性。

所谓相对稀缺性，这是我基于自己 20 多年商业实战的总结和思考，具体是指，我们通过对对方需求进行极致的分析与理解，进而对自己提供的产品或服务进行细分差异化的设计与策划，使我们的产品或服务与竞争者的产品或服务存在主观感知上的差异。主观感知上的差异是指我们突出的这种差异可能与我们提供的产品或服务在具体使用功能和实施效果上与竞争者的产品或服务的差异并不完全相同，而是因我们对对方需求进行更深刻的把握，让对方主观思维上感觉到我们所提供的产品或服务与竞争者的不同，进而形成我们产品或服务的相对稀缺性。在当前的商业经济环境中，这种相对稀缺性才是我们需要聚焦的重点，当我们能够让自己的产品或服务具有相对稀缺性时，我们就可以在谈判中更好地影响谈判对手的主观思维。

为了帮助大家从感性化的角度形成对相对稀缺性的认知，我举一个自己曾经亲身经历过的案例，让大家尝试悟出其中的感觉。我的一位同门师弟硕士毕业后自己创办了一家广告策划公司，发展得还不错。某天大概中午的时候，我接到了他的电话："师兄，在干什么呢？忙吗？好长时间没见你了，我下午没事，正好在你附近一家茶馆喝茶，一起过来坐坐，聊聊天呗。"我正好当天下午也没有太多工作，而这家茶馆距离我的办公室只有两千米左右，于是我就答应了，然后从办公室起身到了茶馆。到了茶馆，和我的师弟相互寒暄了一会后，师弟对我说："师兄，待会有一个客户过来找我，想让我帮他做一个产品的广告策划。你帮我听听，出出主意呗。"听完，我说道："行啊，那一起听听、聊聊，没关系，这个客户具体是做什么的呢？"接着，师弟告诉我这个客户是做婴幼儿香皂的。我得知后，心里不由得为这个客户捏了一把汗，我心想这个项目难道不是自寻"死"路吗？为什么我会这么认为？那是因为婴幼儿香皂可以说是一个非常饱和且竞争异常惨烈的"红海"市场，中高端市场基本上已被国外大品牌占据，低端市场产品则参差不齐，低价恶性竞争、利润单薄。但我并没有直接说出这些想法来,以免使师弟主观上形成先入为主的错误思维,我想既然来了,就和师弟一起先听听看。过了一会,这位客户到了,我坐在一旁喝茶,听师弟与他的交流。当他们具体聊到产品时,这位客户拿出了他的产品样品,我现在还能清晰地记得,当我看到这个样品的那一瞬间,我确实有点被震惊到了。我先描述一下这个样品的情况,希望大家在脑海中能够形成一个画面,这个香皂的皂体是大海的浅蓝色,在皂体的中间有一个深蓝色的企鹅,在这个企鹅的头上连着一根同企鹅颜色一样的深蓝色硅胶绳,这根硅胶绳从皂体中一直到皂体外,在皂体外面的硅胶绳终端有一个闭环的小圆圈,此外,这个皂体的最外层还有一些横竖交叉的黑色条纹。我第一次看到这样的香皂,我的注意力马上就被吸引了,我非常好奇。

随后,这位客户开始谈他设计这款产品的想法:"我本身是一位工业设计师,在一年多前成为一位爸爸。我在生活中发现我的宝宝总是不爱洗手,手到处乱碰后就吃东西,或者把手放在自己嘴里,很不卫生,这样身体很容易生病。我就一直在想这个问题,一直在观察,想知道为什么宝宝不爱洗手,然后我发现,宝宝不爱洗手是因为现在的香皂有两个问题:第一个问题,就是宝宝洗手的时候觉得不好玩,没有乐趣;第二个问题,就是宝宝太小,香皂拿在手里容易滑落,拿不住。于是,我就在想,如果我的宝宝有这些问题,那可能很多宝宝也会有这些问题,我就问了几位家里有宝宝的朋友,确实,宝宝们都不爱洗手,这个时候,我就开始有了设计一款婴幼儿香皂的想法,从宝宝的视角和需求出发,花了几个月时间,研发了这款产品。"师弟把香皂拿在手里仔细看了一下后,从他的表情中我知道他其实还是没看懂这款产品的设计,和我一样,只是觉得产品很奇特。见此情形,这位客户继续说道:"你们看,这香皂里面有一个企鹅,这种小动物是会引发宝宝兴趣的。你们再看,这香皂外面横竖交叉的黑色条纹是不是很像一个笼子,如果宝宝每洗一次手,那么,香皂外面黑色框框的颜色就会变淡一点,等洗到最后,这个黑色框框颜色全部消失的时候,香皂的皂体也就洗完了，这时中间的企鹅就出来了。这个洗手的过程，就是宝宝在拯救企鹅的过程，这样，宝宝就不会觉得洗手是一件没有乐趣的事情了。其实，我现在设计的香皂，不仅有企鹅的产品，还有海狮、海豚等同系列的其他产品，我把这个系列的产品叫作'拯救极地动物'，当宝宝集齐了这一系列动物后，还可以到销售我产品的门店来，换取一个更大的礼物。这样，既能进一步扩大产品的销售，也能进一步激发宝宝洗手的兴趣。对宝爸宝妈而言，看到宝宝喜欢洗手，绝对也会是一件非常开心的事情。另外，你们继续看，为什么我会设计一根硅胶绳呢？那是因为我考虑到宝宝洗手时香皂容易滑落的情况，现在宝宝就可以把硅胶绳上面的那个圈圈套在自己的手指上再洗手，这也就解决了滑落问题。你们想一想，宝宝觉得洗手很有趣的同时，也不会拿不住香皂，这样宝宝肯定就会爱上洗手了。"当我听完这些后，我的主观思维已经深深地被这位客户影响了，我通过师弟的表情也能够明显感觉到，他也已经被深深地影响了。大家想一想，这种婴幼儿香皂会有市场吗？大概率是会有的吧。在竞争如此激烈的"红海"中，这位客户通过对市场需求近乎极致的理解与分析，实现了对市场需求的更加深层次的精准把握，并通过设计使这款婴幼儿香皂形成了差异，非常明显地与竞争者的产品区分开，能够更加容易地在市场竞争中脱颖而出。这种差异就是主观感知上的差异，因为从功能上看，这就是一款婴幼儿香皂，但却因其基于对市场需求极致认知的独特设计，使消费者在主观思维上会感觉到其与其他婴幼儿香皂不同，这就是相对稀缺性。最后，我认为这款婴幼儿香皂应该以中高端市场为目标市场，据此最后我给了这位客户三个建议：一是需要申请设计专利，以保护自己的知识产权；二是需要从国际运作角度考虑建立品牌；三是需要让产品的安全性获得公信力。

通过这个例子，再结合前面的分析，我们应该能够从理性和感性的角度理解稀缺性因素了，尤其是相对稀缺性。因此，我们为了充分利用稀缺性因素在谈判中影响对方的主观思维，就需要在谈判准备阶段，针对对方的需求进行尽可能细致的分析与研究，然后，聚焦于对方需求的详细内容，通过设计与策划，让我们提供的产品或服务呈现出一种独一无二的状态，形成对方主观感知上的差异，进而让对方主观思维上感受到我们产品或服务的稀缺性，认为我们的产品或服务相对于竞争者而言的不可替代性，这必然能够非常强有力地支撑我们占据谈判的主动权和主导地位。同时，当我们在谈判中发现对方试图通过利用其提前设计与策划好的稀缺性因素来影响我们时，我们需要始终着眼于对方提供产品或服务的具体使用功能和实施效果，我们不要被对方强调的差异和特色所影响和引导，要使我们的主观思维时刻保持专注与朝着自己的方向。

第五章

谈判交锋：
初始报价与对换让步

通过对谈判中的互惠、一致性、社会佐证、喜欢、权威和稀缺性等六大影响因素的深度把握，我们就具备了进入谈判现场并展开正式交锋的基础性技巧。在谈判开场后，谈判双方就正式处于一种相互博弈的状态，针对谈判涉及的事情和事项，谈判双方都必然希望能够争取自身利益的最大化。利益最大化的实现不可能是一个自然的过程，因为谈判双方各自代表的利益不同，双方利益大小总是此消彼长，所以，这个过程中充满了技术性。从谈判整体进程来看，这种技术性重点体现在两大方面：其一，初始报价的技巧很重要，初始报价往往在谈判早期阶段就确定了当前谈判涉及事情和事项的一个基准，后续的谈判展开都是在这个基准的引导下进行的；其二，对换让步的技巧更重要，谈判双方在经过充分信息交互与沟通的中期阶段后，到谈判的后期阶段，出现让步是一种正常的情况，但如何通过让步实现对对方主观思维的影响，并达到我们争取利益的效果，却非常有技术性。

具备初始报价技巧

初始报价技巧是谈判中一个非常重要的实战技巧，这种技巧的发挥往往是在谈判的早期阶段，通过聚焦于谈判涉及的事情和事项，建立一个基准，在基准的范围内，形成对谈判具体走向的影响。我们只有在领悟与掌握了谈判中六大影响因素后，才能够更好地培育初始报价的技巧，进而懂得并会运用这六大影响因素在初始报价的过程中影响对方的心理状况和主观思维，最终实现自身利益最大化的目的。

那么，在谈判早期阶段，初始报价的主要内容是什么呢？具体来说，我们需关注两个方面的实战技巧。

其一，在报价的时机把握上，我们是采取先报价策略有效，还是采取后报价策略有效呢？大家想一想，我们到底是应该先报价，还是后报价？我想，不同的人应该会有不同的答案。其实，我这个问题的设置，就是一个思维陷阱，我是希望通过这种方式来进一步提升大家分析和思考问题的深度，在真实的商务情景中，永远都不存在绝对性概念，也就是说，面对策略或方案的选择，永远不存在哪种策略或方案是最好的，只存在哪种策略或方案是最合适和有效的，那么什么才叫最合适和有效呢？这就需要聚焦于当前所处的商务情景，即在某种情景和条件下，我们采取先报价是最合适和有效的，而在另外某种情景和条件下，我们采取后报价才是最合适和有效的。在商业管理和实践中，我们一定要培养并形成这种相对最优的分析和思考问题的主观思维方式，因为任何商务活动都是在某种真实情景和条件下进行的，如果这种真实情景和条件发生了变化，那么我们的决策方向和内容也必须要发生相应的变化，才能够充分保障我们商务行为对自身利益的支撑和争取，这样的商务决策才是最合适和有效的。如果不具备这种主观思维方式，总是单一思维模式地希望追求一种绝对性最好，那大概率就会出现两种糟糕的结果：第一种，我们可能始终不满足于当前的策略或方案，希望不断找到更好的，极致化追求最好的方案或策略。但什么才是最好？最好是很难有一个具体标准的，进而就有可能进入一种状态，那就是我们始终感觉没有找到最好的策略或方案，从而陷入焦虑、迷茫和自我否定中。如果这种情况出现，在谈判中我们不仅不能影响对方的主观思维，而且还可能会因自己主观思维的混乱而被对方影响和牵引。第二种，我们对当前的策略或方案非常满意，我们主观地认为当前的策略或方案已经实现了我们最大化的利益，于是，我们一直坚持。但我们要明白，任何策略或方案都是需要在某种商务环境下具体展开的，很遗憾的是，我们所处的商务环境不是静态的，而是动态的，尤其是在当今数字经济时代这种激烈竞争的现实背景下，商务环境的动态性更加突显出不确定性，故如果商务环境变化了，而我们因绝对性、单一思维模式，始终坚定并保持之前主观认为最好的策略或方案，那么最终的结果大概率会不如人意。这种情况的出现，从表层看，可能只是会让我们感到失望，但从深层看，则可能会让我们怀疑自己，严重影响我们的自信心，这种负面的心理状况对我们的影响会更深远。因此，我们必须非常清楚地认知，任何商务策略或方案都只能在某种情景和条件下才是最合适和有效的，而没有所谓的最好，并逐渐建立起我们相对最优的正确主观思维方式。

基于此，我们就报价时机的问题展开进一步思考，我们在什么样的商务情景和条件下应该采取先报价，而又在什么样的商务情景和条件下应该采取后报价呢？为了让大家更好地理解不同情景和条件下最合适和有效的报价时机选择，我们先对先报价和后报价两种策略的优劣势进行分析。关于先报价，其优势是可能会让人形成一种先入为主的主观感受，先报价的具体内容能够直接影响对方的心理预期，进而引导对方主观思维在该预期的范围内展开相互博弈；其劣势也非常明显，主要在于双方信息不对称可能带来的我们价值的流失，即我们在谈判中报价时，经常会从我们所提供产品或服务的成本水平出发进行考虑，而对方对我们产品或服务价值的理解，则经常会从我们所提供的产品或服务对其具体功效和利益支撑的角度出发进行判断，故双方之间因这种信息不对称的存在就可能会在对我们产品或服务价值的认知上存在偏差，尤其是当对方并不清楚我们产品或服务的成本结构时，若对方从其对我们产品或服务实际需求的视角有一个较高的价格预判，而我们却仅仅基于我们所提供产品或服务的成本报出了一个相对于对方心理预判而言较低水平的价格，就会直接造成我们本应能够争取到的更多利益的无故流失，这就非常可惜。我们再继续分析后报价，其优势是我们在充分了解到对方对我们产品或服务价值认知的情况后，再报价时，我们能够比较有效地规避我们因信息不对称而报出一个相对于对方心理预判而言较低水平的价格，进而避免我们利益流失，有助于我们争取自身利益的最大化，实现后发制人；同时，其劣势也相对突出，那就是若我们所提供产品或服务处于一个信息相对透明和竞争激烈的行业环境时，对方因能够较为容易地收集到关于我们产品或服务的详尽信息，并在对这些信息进行分析和研判后，提前较为全面和系统地把握了我们所提供产品或服务包括成本结构等在内的核心内容，这种情况下，后报价可能就会形成一种对我们非常不利和被动的局面，因为对方可能会先给出一个低于市场水平的价格来对我们心理状况和主观思维施加影响，进而引导我们在这个较低水平价格的范围内展开利益博弈。对我们而言，本可以通过进一步深化研究与判断对方需求，围绕此展开主观性设计与策划，使我们能够重点强调和突显我们所提供产品或服务的某种细分差异带给对方的独特价值和不可替代性，然后以此为切入点，进一步影响对方主观思维的认知，让对方在主观感知上产生对我们所提供产品或服务不同于市场上竞争者产品或服务的判断，实现我们所提供产品或服务的相对稀缺性，并再聚焦于此先报出一个高于市场水平的价格，牵引谈判的方向，最终达到最大化争取自身利益的目标。但如果采取了后报价，在这种情况下，我们就损失了这个重要的机会，错失先机。

现在，大家应该能够对先报价和后报价两种策略形成一种整体性认识了。在此基础上，为了更好地找出先报价和后报价两种策略所适应的商务情景和条件，我们通过对这两种策略具体优劣势内容展开进一步深入分析，可以发现一个有趣的现象：先报价策略的劣势主要是由信息不对称带来的，后报价策略的劣势则主要是由信息相对透明，也就是信息对称带来的。故在信息对称的情景下，为了规避后报价策略的劣势，我们采取先报价会相对最优；在信息不对称的情景下，为了规避先报价策略的劣势，我们采取后报价会相对最优。此外，关于信息是否对称的问题，非常明显这与我们所提供产品或服务所属行业领域的市场竞争环境紧密相关，因而，我们也就能够较为清晰地确定先报价和后报价两种策略各自适应的商务情景和条件了，即在谈判中，若我们所提供产品或服务的行业领域市场竞争非常激烈，相关信息较为透明且相对容易获取，信息比较对称，那我们在初始报价中，采取先报价策略会最合适和有效。我们通过对我们产品或服务的设计和策划，从形成相对稀缺性出发建立对方主观感知的差异，并进一步影响对方主观思维对我们所提供产品或服务的价值判断，最终通过先入为主，实现在一个高于市场水平的报价范围内引导双方利益博弈的展开；反之，若我们提供的产品或服务所处的行业领域的市场竞争不充分，尤其是在新技术或新需求出现的市场早期阶段，或者我们提供的是在市场早期阶段出现的一些个性化或定制化的产品或服务，相关信息不透明且相对难以收集，信息比较不对称，那我们在初始报价中采取后报价策略会最合适和有效。我们通过了解和掌握对方对我们产品或服务价值的理解，从价值导向而不是成本导向出发，最终通过后发制人，在对方对我们所提供产品或服务的较高价格预判范围内牵引谈判的进行。可见，当我们所选先报价或后报价策略与其商务情景和条件相匹配时，我们才能够实现自身利益最大化，才能够对我们占据谈判主动权和主导地位形成有力支持。

其二，在报价的高低选择上，我们是采取高报价策略有效，还是采取低报价策略有效呢？大家继续思考，我们到底是应该报高价，还是报低价？这时，我想绝大多数人肯定都是一种答案，即报高价，大家主观思维上肯定会认为，价格报得越高，我们的利益就越大，必然是高报价策略最好。但是，大家再仔细想一想，我们的利益只有在与对方达成共识并具体实施后才能够实现，如果我们报出一个非常高的价格，先不谈后续能否具体实施，可能双方连共识都很难达成，在这种情况下，考虑到在谈判过程的各阶段我们都存在各种成本，进而我们的真实利益其实是一个负数。因此，无论是报高价，还是报低价，它们最终都致力于双方通过谈判达成共识并具体实施，不然，所谓的利益最大化就只能是脑海中的一种幻想而已。我们应该能够进一步明白，无论是报高价，还是报低价，它们都只是一种策略选择而已，不存在哪种最好。与先报价和后报价策略选择一样，在真实的商务情景中，不存在绝对性概念，所选策略或方案永远没有最好，只有不同情景和条件下的最合适和有效，商务活动永远都是相对最优的。所以，确定高报价和低报价两种策略各自适合的商务情景和条件，对我们进行正确的策略选择，就显得非常重要。

在此，大家可以更加深入地思考两种不同的状况，持续提升思维的深度。第一种状况，在谈判中，什么时候报出一个较高价格，不会直接导致谈判的冲突或对谈判产生不利影响呢？这个问题的答案应该比较容易得出吧，必然是对方对我们提供产品或服务的相关情况了解得不充分时，也就是说，对方很难通过我们的报价信息判断这个价格带给我们的实际利益大小，所以，双方就不太可能仅因报价问题而直接与我们冲突或产生不好的想法。那么，这种情景发生的前提条件又是什么呢？大概率会是对方在谈判准备阶段很难收集到我们产品或服务的相关信息和资料并无法对其进行分析。进而，我们就能够基本确定高报价策略所适合的商务情景和条件，即若我们提供的产品或服务所处行业领域的市场竞争不充分，相关信息不透明且相对难以收集，信息比较不对称，那么我们采取高报价策略会是最合适和有效的。第二种状况，在谈判中，什么时候报出一个较低价格，能够马上吸引对方的注意并影响对方的主观思维呢？我们想想，如果我们提供的产品或服务还处在一个市场竞争不充分的行业领域，在这种情景下，对方都不能充分了解我们产品或服务的情况，那么对方就不可能通过我们的报价来判断出这个价格的高低，进而其注意力和主观思维就不会被我们的报价影响，故我们反过来思考就能够明白了，也就是，只有在对方对我们的产品或服务通过掌握足够的信息和资料已形成较为充分的认识时，对方才能够知晓并感觉到我们报价的高低。这时，如果我们报出了一个低于市场水平的价格，则必然会引起对方的注意，进而为我们提供一个影响对方主观思维的机会。于是，我们就能够基本确定低报价策略所适合的商务情景和条件，即若我们提供的产品或服务所属行业领域的市场竞争非常激烈，相关信息较为透明且相对容易获取，信息比较对称，那么我们采取低报价策略会是最合适和有效的。

基于此，我们实现了对高报价和低报价两种策略各自适合商务情景和条件下的有效认知和理解，这有助于我们在初始报价时通过对报价高低的精准把握与运用，引导谈判的展开，并牵引谈判的方向，更有力地支持我们争取自身利益的最大化。此外，为了对高报价和低报价两种策略的内涵进行更深入的认识，我在结合自身20多年商务现场博弈经验的总结与思考后，进一步发现：无论是高报价，还是低报价，其内在都蕴藏着实战性很强的商务技巧。具体来看，高报价并不是盲目的，而是通过提供我们产品或服务相关具体内容的一揽子价格，在对方与我们讨价还价时，更有策略性地支撑我们的利益，从而尽可能地保障我们的利益即我们每让渡给对方一点价格，就有针对性地减少该价格对应我们产品或服务的具体内容。现在，大家应该能够理解这种技巧了。同样，低报价也并不是一味地把价格报得足够低，因为我们在谈判中获得利益的大小最终还是由价格来决定的，我们参与谈判的目的毕竟是尽可能地争取自身利益，故低报价更多是一种技巧性行为，它是通过仅提供我们产品或服务中最关键内容或核心部分的价格，在报价上形成低于市场水平的一种策略性客观状态，有助于我们从竞争者中脱颖而出，吸引对方的关注，赢得与对方展开深度对话和交流的机会，只要我们拥有了这种机会，我们就拥有了影响对方主观思维并获取谈判主动权和主导地位的可能。在实践中，我们的价格之所以报得低，那是因为我们并没有对我们的产品或服务进行整体性报价，只针对其中最关键内容或核心部分报价。在大多数情况下，对方除了需要我们产品或服务中最关键内容或核心部分之外，还是会需要其他配套和相关部分内容的，这时，对方每提出一个我们产品或服务中最关键内容或核心部分外的需求和要求，我们就有针对性地提升价格，进而，实现我们自身利益的最大化。这种技巧相对高报价而言，应该会难以理解一些，我举一个小例子来帮助大家形成一种感性认识。例如，我们与对方正在进行一个关于商务打印机采购的谈判，我们是商务打印机的销售方，即乙方，商务打印机所处的行业领域的市场竞争很明显是非常激烈和饱和状态的，相关信息透明且对称。我们为了从竞争者中脱颖而出，并争取吸引到对方的关注，于是我们在初始报价中，仅仅针对商务打印机的裸机报价，相对于竞争对手的整体性报价而言，我们的报价必然是非常低的，在这种情况下，我们大概率会很快吸引到对方的注意力，并获得对方与我们展开对话与磋商的机会。伴随着双方互动博弈的进行，我们基于谈判准备内容和谈判现场对方所传递信息的分析，在有效把握对方实际需求后，通过设计与策划形成我们所提供商务打印机的相对稀缺性，让对方主观感知上形成差异，并进一步影响对方的主观思维。经过这个过程，在对方认可了我们所提供商务打印机的功效后，若对方提出不仅需要商务打印机，还需要售后服务，针对这个需求，我们报出售后服务的对应价格，并将其新增加入总报价中；若对方又提出需要配送服务，针对这个需求，我们再报出配送服务的对应价格，继续新增加入总报价中。以此类推，这就是低报价策略内在的真实性商务技巧。

综上，我从商业实战出发，结合对自身20多年商务谈判实践经验的梳理和思考，在对报价时机策略和报价高低策略及其各自所适合商务情景和条件进行有效分析后，形成了对初始报价主要内容的深刻理解和系统掌握，可以总结为：在谈判中，若我们提供的产品或服务所属行业领域的市场竞争非常激烈，那么在初始报价中，我们应该采取先报价和低报价的策略；若我们提供产品或服务所处的行业领域的市场竞争不充分，那么在初始报价中，我们则应该采取后报价和高报价的策略。最后，我选取了自己一个管理咨询项目的完整谈判案例，通过案例对当时真实谈判场景进行了重现，一方面致力于帮助大家感悟与领会初始谈判中报价时机策略和报价高低策略实战运作，另一方面希望大家对案例中诸多细节进行细致的感受并逐步培养出在真实谈判中有效识别对方传递信息或行为所隐藏真实想法的能力与敏感度。

这个谈判案例发生在我还任职于某证券公司，负责投资银行业务工作期间。当时，我们接到了湖北省某山区一家旅游集团公司的企业改制的财务顾问服务需求，于是，我带着团队赶赴该山区，与这家旅游集团公司进行财务顾问服务项目的谈判。但是我在此想要具体呈现给大家的案例却不是这个财务顾问服务项目的谈判，而是在这个项目开展期间，我通过挖掘对方潜在需求，形成的另外一个管理咨询项目谈判的利益博弈过程。在此背景下，这个案例发生了。我们在抵达该山区后，马上同这家旅游集团公司管理层展开了对话，这家旅游集团公司拥有包括一家国家5A级风景名胜区在内的几乎当地全部旅游资源，这家旅游集团公司希望有机会能够在资本市场有一些作为。在此需求的引导下，我们开始对这家旅游集团公司进行尽职调查，通过此过程，我们发现这家旅游集团公司的旅游资源得天独厚，不仅资源禀赋非常优质，而且旅游主题也非常丰富，同时，其下属几家子公司负责的各不同景区的资源也是各有特色和亮点，基于此，我们当时认为这家旅游集团公司的业绩应该是不错的。但是，随着尽职调查工作的深入，我们却惊讶地发现这家旅游集团公司的经营绩效居然一直都非常糟糕，多年来一直处于亏损的状态，其上一年度（2011年）的各种旅游总收入才不到 7 000 万元，而具有类似旅游资源并存在可比性，也拥有国家5A级风景名胜区的安徽省黄山市，在2011年度的旅游总收入则超过了200亿元，此外，张家界、武夷山等在2011年度的旅游总收入也都远远地超过了50亿元，甚至连距离该山区不远的，仅拥有非常有限旅游资源的旅游公司在2011年度的旅游总收入也是高于11亿元。我们对这家旅游集团公司的经营结果感到非常不可思议。

　　随着工作的持续展开，我们同这家旅游集团公司管理层进行了更加充分的交流，当我们向对方表达我们关于公司经营实际的困惑时，对方表示这主要是当地山区的交通不便利严重地制约了当地旅游业的发展，从而形成了当前经营困难的局面。对此，我立刻表达了不同的观点："交通条件确实会影响一个地区旅游的发展，但这种影响绝对不是决定性的，而是非常有限的。对于一个地区旅游的发展而言，影响因素是多方面的，那么，到底什么影响因素才是关键因素呢？我们想一想，人为什么喜欢旅游？人旅游的目的是什么？这些，你们一直做旅游的，有深入思考和分析过吗？"现在我脑海中都还能回忆起当时的清晰画面，这家旅游集团公司管理层一脸茫然地看着我，这种现场情景的潜台词就已经告诉了我答案，即他们并没有好好地想过这个问题。紧接着，我继续说道："人想去旅游，肯定是因为这个地方有某种吸引他们的东西，让他们想去亲身体验和感受，那么，这种东西会是什么呢？必然会是某种独具特色的风景、文化或活动。只要有这些，那么就会对相应的人群产生吸引力。只要有吸引力，那么这些人就会想方设法过来体验和感受。交通会是问题吗？不会是。大家想想，如果你们心中有想做的事，有想去的地方，你们会不会想方设法去实现呢？肯定是会的吧，谁都不希望自己的人生留有遗憾啊。大家再想想，那些穿越沙漠旅游的人，对他们来说交通便利吗？所以说，交通并不是影响旅游的关键因素，这个地方的风景、文化或活动形成的吸引力，才是真正影响旅游的关键因素。我们再看看这里，这几天，我通过调研发现，这里的风景、文化、活动等都不少啊，并且风景非常有特色，文化非常有底蕴，主题非常有内涵，这些都是非常具有吸引力的点，但为什么旅游集团公司的实际运营状况却这么糟糕呢？请问，大家真正地探讨和研究过吗？我在来之前，真的不知道这里的旅游资源这么好，对人这么有吸引力，为什么？那是因为我在外面看你们现在打造的旅游品牌，从中根本感觉不到这些内容，也就是说，你们的旅游品牌建设出现了很大的问题，没有通过设计和策划，将这些具有巨大吸引力的特色、底蕴和内涵融入旅游品牌内容中并进行传播。你们看看，现在你们旅游品牌传播的内容是什么？可以说，现在的这些内容虽然让全中国甚至全世界都知道你们这个地方，你们非常出名，但却没人愿意来，没人想过来亲身体验和感受你们现在这个旅游品牌所传播的内容，现在这些内容对人是没有任何真实的吸引力的，而这里拥有的这些完完全全地能够令人神往的风景、文化和活动却都不能从现在旅游品牌内容中看到和感受到，多么可惜啊。我真的感到非常心痛，太可惜了，这么好的地方却没人愿意来。现在，大家还认为当前不如意的经营状况是交通因素造成的吗？不是了吧，那为什么会出现这种状况？以我的经验，我的第一感觉是人的问题，品牌内容是人具体设计和策划的，品牌建设是人具体运作的，品牌运营是人具体执行的，所以我现在感觉大概率是你们具体负责这些事的人出了问题，没有认真思考，没有细致研究，没有真正把这种重要的工作放在心上。当然，我现在这么说，肯定还有一点主观，我们后面会进一步进行更加全面的了解和把握。"这家旅游集团公司管理层对我的观点完全无力反驳，因为我是从道理角度在阐述，他们也明白我说出了当前的问题，随之，我们的工作进一步深入。

在此期间，一方面，我们初步确定了这家旅游集团公司具体实施资本运作的主体，我们发现其下属一家子公司，刚成立不久，这家子公司经营的景区也是一个全新的文化旅游景点，主营业务清楚，治理结构简单，资产权属清晰，没有历史遗留问题，各方面情况相对较好，故我们考虑在这家旅游集团公司当前的经营状况下，将其所有营利性资产注入该子公司，改善子公司经营情况，然后对子公司改制，并为资本运作做好准备，该旅游集团公司改制的财务顾问服务项目就此具体落地开展。另一方面，我们也发现了一个让我们感到非常震惊的情况，即这家旅游集团公司的具体出资单位的工作人员都在这家旅游集团公司拥有对应的职务，且都只拿出资单位的薪资，都不在公司另行取酬。这种情况在我的商务经历中是第一次遇到，也是最后一次遇到，我感觉真是太神奇了，以这样的模式经营，大家想一想，这家旅游集团公司能经营好吗？肯定是不行的，因为人的精力是有限的，而且出资单位的管理模式与这家旅游集团公司的运营要求是存在明显差异的，同时，现有的薪酬等相关制度是没有激励作用的，这也就验证了我之前对这家旅游集团公司经营绩效如此糟糕原因的主观预判，即这是人的问题导致的。基于此，我发现了一个新的商业机会，那就是，我要在为这家旅游集团公司做企业改制财务顾问服务项目期间，对这家旅游集团公司管理层进行企业科学治理理念与专业管理思想的引导，从企业经营实际要求出发，影响这家旅游集团公司管理层的主观思维，致力于通过挖掘潜在需求，培育出一个企业管理体系重建的管理咨询新项目。因而，我以非常明确的目标为导向，在企业改制财务顾问服务项目进行过程中，不断推进自己对这家旅游集团公司管理层的影响。我成功了，我使这家旅游集团公司管理层形成了一致性共识，产生了明确的新需求，即必须建立科学有效的企业管理体系，这项任务非常紧迫，这奠定了管理咨询新项目的谈判基础。

企业改制财务顾问服务项目一结束，这个管理咨询新项目的谈判就正式拉开了帷幕。通过企业改制财务顾问服务项目，双方都已比较了解了，也初步建立了信任关系，因此，谈判一开场就很快进入了初始报价的环节。

就这个管理咨询项目而言，很明显，它提供完全个性化或定制化的专业服务，是不存在市场标准的，即使专业服务内容相同，只要公司不一样，面对的实际经营问题就不一样，那么专业服务价格就不一样，因此，它所处行业领域的市场竞争必然是不充分的，相关信息不透明，信息不对称，进而我们在初始报价中应该采取后报价和高报价的策略。以此策略为指导，我明确了在双方利益博弈中的具体方向。现在我将这个管理咨询项目的谈判过程进行真实场景的重现，让大家深刻感受在谈判方向确定后，商业技巧的实战运用。

在完成这家旅游集团公司企业改制财务顾问服务项目后，我先带着团队返回了武汉，然后我又回到了上海，进行间歇性休整。大概在我们离开三天后，我就接到了这家旅游集团公司常务副总经理的电话，在电话中，对方非常急切地希望我们马上过去，展开企业管理体系重建的新项目，帮助他们建立起有效的激励机制。我在感受到对方的着急情绪后，我立刻就读懂了隐藏在这种情绪背后的重要信息，那就是我在企业改制财务顾问服务项目期间，对这家旅游集团公司管理层主观思维的影响不仅存在，而且已经非常深刻，正在按照我预先的设计和策划，牵引对方朝我所期望的方向前进。因此，面对这家旅游集团公司常务副总经理迫切的需求，我就很放心地按照自己的节奏，表现出了一种一点儿都不着急的状态，我向对方表示："这个项目不着急，没关系的，我现在上海临时有重要工作安排，等我忙完了再过来。"其实，我当时在上海并没有任何工作安排，只是在休息。那我为什么要这么说呢？这是因为我基于自身积累的商务实战经验和自我的思考总结，形成了对人心理状况的有效把握，即当对方着急时，我们已经成功地触碰和拿捏了对方的痛处和核心利益点，这时我们越不着急，对方大概率会越着急，人一旦着急，其主观思维就会出现波动，这非常有利于我们更好地占据谈判的主动权和主导地位。我们再"回到"谈判现场，这家旅游集团公司常务副总经理听到我的反馈后，立刻更加着急地说道：

"吴总，不行啊，您还是快点过来吧，我们在向主要领导汇报企业改制方案时，也专门汇报了您提出的重建企业管理体系、打造有效激励机制、增强人员工作动力和动机、盘活企业优质资源的观点。领导都非常认可，并且认为这个事情很重要，一定要尽快落实，让我们借企业改制的时机，建立起科学有效的企业管理体系。所以，您得尽快来啊，我们要定期向领导汇报进展情况，辛苦您了，吴总。"我在获取到这些信息后，轻松一笑，这些信息非常重要和有价值，为什么呢？对企业而言，很多事情的开展，尤其是一些重大工作的展开，是难以独自决策的。它需要向上层主管单位汇报，只有在上层主管单位同意和批准后，它才能够落实，并且，一旦上层主管单位同意和批准，它是必须要贯彻执行到位的。正是由于我在这方面的认知，故我在获悉对方传递给我的这些信息后，就已经很清楚地知道了这个项目谈判的结果，即这个项目百分之百归我了，现在我的关注点直接已经转移并聚焦到如何争取项目收益的最大化。

于是，我在结束与这家旅游集团公司常务副总经理的对话后，准备再次前往该山区前，花费了一点时间，对这个项目的内容架构和价格预期进行了具体的分析与研究。我根据这家旅游集团公司现有管理体系的实际情况，准备从组织体系、薪酬体系、绩效体系、晋升体系和奖惩体系等五个维度进行企业管理体系的重建。在具体价格上，我基于对行业水平的了解和对这家旅游集团公司相关信息的掌握，形成了50万元的心理价格预期，这个价格对该山区的这家旅游集团公司而言，应该是一个很高的专业服务价格了，该价格也已远远地超过了我们之前企业改制财务顾问服务项目的价格。在做完谈判准备工作后，我带着团队再次前往该山区。当天抵达时，已经是傍晚了，这家旅游集团公司常务副总经理代表公司管理层准备了欢迎宴，在欢迎宴刚开始不久，对方就向我问道："吴总，这个项目大概要多少钱啊？"这个问题进一步验证了我对对方非常着急开展这个管理咨询项目的判断。谈到这里，大家可能会存在一点困惑，为了更好地让大家理解我是如何通过对方传递的这个信息来读懂对方心里真实想法的，我分享一个我在20多年商务谈判实战中的重要经验总结，即在谈判现场，对方主动向我们询问合作价格，往往反映出对方已对我们提供的产品或服务形成了初步认可，进而，出现了建立双方正式合作关系的有效时机，我们需要读懂对方内心并把握好这种机会。此外，对方向我们询问合作价格越早，则绝大多数情况下，对方内心对当前我们提供产品或服务的需求越急迫，且对方心里面还非常着急地希望能够越快达成交易，那么，在对方着急的情景下，我们就可以通过策略性的不着急，进一步扰乱对方的情绪和主观思维，并时刻紧盯对方的状态，在一个更好的时机促成双方交易的达成，使得我们能够从所建立的合作中获取最大化的利益。

因此，当我通过这家旅游集团公司常务副总经理的问题读懂了对方的内心后，结合我在谈判准备中的预判，再基于该管理咨询项目所处行业领域的市场竞争不充分的背景，确定我们应该采取后报价和高报价策略的谈判方向，我就并不太快地回应对方的这个问题，而是反问道："这个项目具体展开到底需要多少钱，我确实还真没有考虑过，我们既是合作伙伴，也是朋友。作为合作伙伴，项目合作肯定是有费用的，不然我这边的公司也没法经营。大家都是要靠工资生活的，并且我团队的同事都是学历很高、经验很丰富、专业性很强的精英人才，工资在一线城市都基本上处于领先水平。虽然我们的工资很高，但对于你们而言都是很值得的，因为我们最后带给你们的价值会更大，相信你们从前面那份企业改制方案中也能够感受到这一点。同时，我更想说的是，我们是朋友，我更想通过朋友的角度来聊一聊。作为朋友，我肯定希望你们越来越好，但一个客观现实是，你们公司现在的内部管理情况太混乱了，人浮于事，优质资源几乎全部流失和浪费。目前的管理体系如果再不改，你们公司可能真的撑不了几年了，我看过的企业肯定比你们多，这种情况看多了。也正因为我们是朋友，所以我一直很关心你们过得好不好，也才会对你们公司目前的状况真的感到非常痛心，我觉得不应该这样，这么好的资源，这么好的公司，应该成为国内旅游企业龙头才对，一定要把人的积极性、责任感和能动性充分调动和发挥出来才行。这句话说起来好像很简单，但真正要实现确实是不容易的，我想对此你们应该是有感触的，看得见的东西好弄，看不见的东西才难弄。例如，我们前面的那个企业改制项目，企业的形式、资产结构、业务模块等这些都是看得见的，做方案就完了，是比较容易的；这个项目不一样，这个项目面对的是人心，是看不见的，相对企业改制项目而言，这个项目的难度等级上升的可不止是几个台阶，可以说这个项目的难度是所有类型项目里最高的，需要面对更复杂的情况、投入更大量的精力、进行更深入的调查、展开更专业的研究、聚焦更实践的运作、实施更系统的培训等。这个项目对企业而言，是一个非常系统、全面、细致的大工程，因此，这个项目也是所有类型项目里对企业最有价值的。如果企业没有一个科学的管理体系，不能通过激励机制把人的问题解决了，那前面看得到的——什么企业改制项目啊，最后都可能会成为'浮云'，大概率会很难实现预期目标，因为这些都是需要人去执行和推进的，也就是说，这个项目基本上可以决定你们公司的'生死'，一点儿不夸张。我作为你们的朋友，其实并不是很在乎这个项目要多少钱，我更在乎你们公司的发展，我是真心希望你们越来越好，那是让我开心的，后面对于这个项目，我会比任何项目都上心，它排在我心里第一位，我会尽全力帮助你们解决好问题，帮你们快速发展，以最快速度成为国内旅游企业龙头。我们是朋友。所以，这个项目要多少钱，我确实还没好好想过，我只是一直很关心你们，我听你们的意见。"我的这番表达基本上复盘了当时宴席上的真实谈判现场，我采取的是一个与该项目相匹配的典型的后报价策略，在我传递的这些信息中，大家仔细感觉，应该可以察觉到我希望突出的六个重点：第一，对方着急让我报价，我不报价，拖延时间，致力于加重对方的着急情绪；第二，我强调团队成员的背景情况，我虽没报价，但会让对方形成一个项目较高成本的预判；第三，我以朋友身份对公司现状进行分析，并对公司未来进行预期、引导，强化对方当前的危机意识，进一步加深对方的慌张和焦虑感；第四，通过突出该项目相对于企业改制项目的更高难度，实现对对方主观思维的影响，让对方形成该项目价格必然远远高于企业改制项目的主观认知；第五，我从该项目对对方公司绝对性和决定性价值的角度进行阐述，并具体描绘了关于"国内旅游企业龙头"这个目标的美好画面，牵引对方在心理层面和主观思维上建立对该项目价值的更高判断，形成对我期望获得更高项目价格的支撑；第六，我不断重复、突显朋友的身份，深化双方的情感纽带，以有效规避谈判中可能出现的冲突，有效保障谈判顺利进行。

通过这些工作，我感觉已达到我预期的目的，现场这家旅游集团公司常务副总经理的表情和状态也已很明显地反映出，其主观思维成功地被我影响和牵引了，一切都在我的掌握之中。在此情景下，我本认为对方会从价值导向的角度出发，对该项目给出一个比较高的报价，让我能够后发制人，但是，意外却不经意地出现了。我看到这家旅游集团公司常务副总经理以一种非常为难、尴尬的表情，告诉我："吴总，我们前面向主要领导汇报时，领导给了这个项目5万元的预算。"说完后，对方显得非常不好意思和难为情，这种状态同时也让我明白了对方心里的真实想法，那就是对方自己都认为给这个项目5万元预算确实太低了，另一方面也说明，对方已经被我刚才的那番言论所引导，因此，虽然对方当前报价才5万元，但我基本能判断出对方自己会主动将我的观点汇报给主要领导并争取增加预算，因为对方已经形成了对我的认同感。可是，对我而言，对方自己去争取增加预算是需要一个过程的，在这个过程中我需要持续强化对对方主观思维的影响，而在这个过程发生之前的当下，面对与我50万元预期有天壤之别的价格，必然不适合再继续交流该项目这个话题了，我紧接着表示："我们是好朋友，虽然才几天没见，但对我而言，我却是非常想念啊，这样，今晚我们不谈工作了，好好吃饭，共续友情。"

在宴席结束后回酒店的路上,我立马让助理第二天一早就去找一辆车,直接包车,我们第一时间离开这里,先返回武汉,然后我再回上海,当时助理没有太理解我为什么这么做,我让他先别问,后面我再慢慢地教他。于是,第二天一早,我就带着团队离开了该山区。在返程的路上,助理又继续问我:"吴总,我们就这样突然走了,都不和对方打个招呼,这样不好吧,这个项目我们不做了吗?"这时,我借此事情对他进行了能力的培养和教导并回答:"小陈,你想一想,目前对方报价5万元,我们可以做吗?肯定是不能做的,钱太少了。那么我们可以和对方谈吗?也肯定是不能谈的,因为没法谈啊,这与我的目标价格的差距太大了,以5万元作为基准去谈,没可能啊,这样都谈的话只会让对方觉得我们5万元也可以做,那我们就会陷入非常被动的局面。所以,面对对方这个报价,我们既不能做,也不能谈,不走,留在这里干什么,多留一天,就会让对方主观上感觉我们可以做,懂了吗?很多话是不能说透的,要靠行为让对方去感觉。我们受东方文化的影响也是很深的,如果你不能慢慢地明白这些,在商务活动中,总是直来直往的话,那以后在社会上是很难混出来的,你好好琢磨琢磨,要自己悟出来。另外,你刚刚问我这个项目不做了吗?当然要做,但肯定不是在这个价格范围内做,而是必须在我的价格范围内做,虽然他们还不知道我心里的价格,但不着急,我会慢慢地引导和影响他们。这个过程,你要细细地感受和学习,对我的每一步你一定要多想想我为什么这么做,我都是有原因的。因为我总是能够换位思考,从对方立场出发去考虑当前的问题,所以我大多数时候都会比对方考虑得更深,那必然我就能够经常主导谈判的过程,即使偶尔陷入被动局面,我也能够有耐心地慢慢等待时机,扭转局面。我是一点不担心这个项目会流失掉的,为什么呢?你想深一点就会明白这个道理。首先,我已经让对方管理层形成了一致性认识,那就是,这家公司要好,就必须重建管理体系,要把人的问题解决了,除非他们都希望公司倒闭,不然就不可能放弃这个项目,从他们的眼中都能感觉到这个项目是他们的救命稻草。其次，他们向主要领导已经汇报了，领导已经给了明确的指示，即一定要做，只是领导对项目的价值认知提升还需要一个过程，现在领导给的预算说明他想得太简单了，所以，对方将我的分析再次汇报后，我感觉他们应该会增加预算。另外，领导的指示对企业的影响是决定性的，必须要落实好，不然这家公司就不好发展。最后，你再想，会有哪个企业专门到这个山区里面去拓展业务呢？如果前面对方没有主动找我们进行企业改制项目，我们会跑到这里来做业务吗？绝不可能吧，也就是说，对于当前这个项目，我们是没有竞争对手的，况且这种专业服务的项目需要以很好的信任关系为基础才能顺利展开，因为这种项目不像买卖有形的产品，交付的是无形的服务，如果没有信任关系，是很难建立起合作关系的。现在你应该能明白了吧，这个项目是流失不了的。但想要做成，现在就必须有耐心，按照我的节奏来，所以我一点儿都不着急，相反，我这突然一走，对方大概率会非常着急，这样后面我们就更主动。"

正说着的时候，我接到了这家旅游集团公司常务副总经理的电话："吴总，我让办公室派人到酒店叫您一起吃午饭，那边刚回来对我说您已经退房走了，这是怎么回事啊？"我说道："哦，是这样，非常抱歉忘记和您打招呼了，一早走得太匆忙，昨晚酒喝多了，一早还没醒过来，不好意思。是这样，我一早接到公司的电话，说有一个非常重要、非常大的项目让我马上赶回上海，过去具体洽谈，让我一刻都不能耽搁，于是，我晕晕乎乎地就让助理找了台车赶紧往回走了，不好意思啊。"这时，我在电话中都能够感觉到对方非常着急，这也是我期望的结果。对方说道："吴总，那怎么办啊，我们这个项目也要赶紧的啊，大家都盼着公司能好起来，我们还要尽快向主要领导汇报情况，这个真的很着急，不然我们没法交代啊。"我接着表示："我觉得你们也先别急，我觉得这个项目也不是这么着急的，我得先把手里面的大项目做好了，不然我没法养活团队这么多人啊。这样，等我空下来了，我再来给你们做，放心，后面肯定为你们做好，千万别着急。"就这样在对方持续升级的焦虑中，这次对话结束了。在这次对话的后半段，对方心里应该已经感觉到了当前项目价格太低是我这么快离开的一个主要原因，这也正是我的目的所在。

我在返回上海后，几乎每隔两三天，就会接到这家旅游集团公司常务副总经理的电话，交流的内容基本上都围绕对方表示很急和我表示不急的情况，如此反复循环。大概在第四次通话时，对方向我告知，其向主要领导再次进行了汇报，主要对项目涉及的工作量和重要性进行了更加充分的报告，而且，这些内容也得到了主要领导的认可和支持，故现在项目的预算有一些增加和调整，希望我能够尽快再过去一起推进项目的展开。我在获得这些信息后，感到一切都在按照我预期的方向进行，虽心中有一丝窃喜，但我需要保持谈判中的一致性，即我们在谈判影响因素中就一致性因素展开过系统分析，其中一个重要的方面就是，在谈判的不同阶段，我们必须确保所传递核心信息的一致性，不然可能会存在对方推翻我们前面观点的风险，故我在前面已经明确表达过我赶回上海是因为有一个大项目要展开且非常忙，那现在我就必须要坚持这个观点。随即，我向对方表示，一方面非常感谢主要领导的认可和支持，另一方面现在确实非常忙，如果一定着急进一步交流和沟通的话，那就只能请对方到上海来商谈。在此，我再分享一个实战经验，我看似不经意间约对方到上海来谈判，其背后也隐藏了我的一个真实意图，那就是谈判都是有主场优势的，即人在自己熟悉的环境中更加放松，而在自己陌生的环境中，则可能会感到紧张。我让对方来上海，那就是来到我的主场，拥有主场优势的我必然能够持续加强自身在谈判中的主动权和主导地位。

在此情景下，这家旅游集团公司常务副总经理来到了上海，我在清楚对方抵达上海的时间后，让助理安排车去接机，然后将对方安排到上海一家不错的酒店入住。期间，我叮嘱助理，接到对方后，先问对方到上海总共待几天。助理按照我的要求接到这家旅游集团公司常务副总经理后，发信息告知我，对方在上海准备待三天。我得知后，让助理前两天带着对方在上海到处去玩，外滩、东方明珠、豫园等都去转转，只要对方提起我，我助理就明确向对方表示我最近都非常忙，不一定有空，但我会尽可能地空出时间与他碰面。到这里，大家可能会问，我为什么要这么做呢？那是因为公务出差一般都会有时间范围，同时，公务出差往往都是带着任务的，那么，当预期为三天的谈判突然被压缩成一天或者半天时，大家想一想，对方在谈判时会不会存在心理压力和紧张？大概率是会有的吧。在真实的谈判现场，时间的有限性给人的压力往往是比较大的，当对方处于这种状态时，又是在一个陌生的环境中，大家想一想，对方主观思维不乱都难，对方谈判处境不被动都难，从而我们必然能够牢牢地占据谈判的绝对主动权和主导地位。这就是我让助理如此安排的策略性设计，让对方在有限的时间里与我展开谈判。在前两天的游玩过程中，对方确实如我所料，越来越着急，没有一点游玩的心思，多次让助理约我见面，而我的助理则坚定地按照我的指令执行。到第二天晚上，助理陪同对方游玩归来，在送对方回酒店的路上，我按照计划，给助理打了一个电话，告知明天中午在环球金融中心请对方午宴，于是，整个谈判中最重要的阶段要开始了，好戏即将开场。

　　当天中午，我早早地到达了午宴现场，当对方一到，我马上起身过去迎接，并向对方表达歉意："哎哟，这几天真的不好意思，真的不好意思，多有得罪了，我最近真的太忙，我当时赶着回来就是这边有个很急的大项目，所以，这段时间一直都全身心地投入在这个项目中，天天加班加点，现在差不多快告一段落了。您看，您过来这两天，我一直想早点和您碰头，但这两天我忙到都没时间回家，通宵和团队在加班，真不好意思，今天好不容易才挤出一点时间，请您多多见谅啊。"其实，我这段时间并没有事情，一切都是我的谈判策划和布局，目的就是争取自身利益在这个管理咨询项目中的最大化,但我通过这样的表述,既实现了我在谈判中的一致性,让对方对我前面的观点更加信任,又进一步给了对方时间压力,让对方从主观思维上形成尽快达成共识的想法,不停地加深我在谈判中对对方的压迫感和影响力。紧接着,双方经过简单而快速寒暄,立刻进入了谈判正题,对方几乎在这次谈判开场就向我直接亮出了底牌,这也充分说明了我前面所有谈判策略的有效性。对方说道:"吴总,我也是真的不好意思一直追您,我知道您也忙,请您也多多理解,我们也是没办法,现在确实很着急。一方面,我们真的想把公司做好,把公司科学的企业管理体系建立起来;另一方面,主要领导非常重视,一直盯着我们,我们隔一段时间就要去汇报进展,压力真的很大。也请您把我们的项目放在最前面,多支持支持啊。上次您到我们那里时,当时主要领导给我们的项目预算是5万元,那个时候,领导们也不了解这个项目的具体内容,我们也不了解,所以,当时您对我们说了项目的大概内容后,我们自己都觉得5万元确实是太低了,自己都不好意思,您也多担待啊。我们后面向领导们汇报后,领导们也才了解项目内容的一些情况,我们这方面确实不是很懂,也请您别往心里去,给我们多指导指导。另外,我们向各位领导汇报后,各位领导讨论了一下,现在给到的项目预算是20万元,希望我们能够把这个项目尽快推进起来啊。"听到这,我的大脑在飞速运转,首先,到现在为止,我一直都还没有报价,采取的是后报价策略,也就是说,对方还不知道我对该项目的心理预期是50万元。其次,对方主动将报价从5万元直接增加到20万元,这么大的增幅,还没有向我提出任何条件和要求,那么,这说明对方对我说的观点和项目内容是非常认同的。最后,对方当前20万元的报价正好是我们上一个企业改制财务顾问服务项目的价格,这说明对方也在认真地寻找参照系,但在上一次的洽谈中,我已很明确地让对方形成了该项目的难度和价值都远远高于企业改制财务顾问服务项目的认知。综合分析后,我在大脑中快速地形成了一个判断,即我认为对方这个价格还存在较大的上涨空间。

于是，我没有直接回应对方说的内容，而是进一步聚焦到我对该项目未来展开具体细节的思考，将对方拉入我的话语体系中，跟着我的思路走，通过突显出我们的专业性，进而充分利用权威因素对谈判过程的影响，让对方自己主观感觉到当前 20 万元的预算依然很低，使其主动再去争取。我说道："关于这个项目啊，您也别这么着急，这可真不是一天两天就能做好的，需要大量的投入，我先具体向您汇报一下这个项目落地后，到底需要做哪些工作，您听听看，深入感受一下这个项目到底有多难、多专业、多具体，对你们公司为什么这么有价值。这个项目是围绕人在展开，以解决人的问题为导向，而在这个世界上最难解决的就是人的问题，人心难测，所以，我们只有整体重建体系化、制度化、标准化、流程化、规范化的管理体系才能够真正解决好人的问题，也就是说，这个企业管理体系的重建必然是一个系统性工程。具体来看，涵盖了五个核心子体系的重建：第一，我们要重建组织体系，这里主要包括了重新设计公司的组织架构、建立公司的授权系统、打造公司的沟通平台等，每一个具体模块的内容都是非常复杂和细致的，组织架构可不是简单的一张图，这张图背后反映出的是公司内部的分工结构、运营流程和汇报机制，授权系统也不是简单的权限划分，而是要实现岗位职责与权限的匹配、岗位权限相互的协作与制衡、权限行使的有效性与管控性，沟通平台则更加不是简单的开会，是需要在公司内部建立起多层次的部门、跨部门沟通机制以及公司内部的反馈系统，可以说这些工作中的每一项都非常具体和细致，需要深入公司的每一个具体岗位进行分析、评估与再设计，这是一个非常体系化的工作；第二，我们要重建薪酬体系，这里主要包括了现有薪酬方案的结构性分析、行业与区域薪酬水平的全面调研、公司薪酬影响因素的有针对性的研究与提取、公司高层的基础年薪加效益年薪方案设计、公司中基层的整体薪酬方案设计、公司特殊类型岗位的差异性薪酬方案设计、公司股权与期权的激励方案设计等,这些工作不用我展开,您应该也能感受到其中的具体性、烦琐性和复杂性吧,这是一个需要耗费大量精力的工作;第三,我们要重建绩效体系,这里主要包括了绩效管理的全套制度与流程设计、公司所有岗位职责说明书的重新优化与设计、公司所有岗位绩效指标的研究与提取、公司高层基于平衡计分卡的绩效考核方案设计、公司中层360度的绩效考核方案设计、公司基层基于KPI(关键绩效指标)的绩效考核方案设计、公司绩效改进与辅导机制的设计等,这些工作,我想更不需要展开了吧,您通过每一个具体模块的名称应该都能判断出,它们将是需要耗费更大精力和更多时间的工作;第四,我们要重建晋升体系,这里主要包括了公司定制化岗位胜任力评估模型的研究与设计、公司晋升人员岗位适应性评价系统的建立、公司接班人计划全套方案的策划与制定、公司岗位晋升流程与制度的设计等,这些工作都是专业性非常强的技术活,含金量非常高,实现了对公司快速、健康、可持续发展的有效保障;第五,我们需要重建奖惩体系,这里主要包括了公司多层次奖励标准的行为评估机制建立、公司多层次惩罚标准的行为评估机制建立、公司多层次奖惩等级的影响因素研究与制度设计等,这些工作很明显都是基于对人性思考与把握后的非常专业的工作内容,对激发人的动机和动能,引导人的行为具有重要作用。只有这五个核心子体系都重建好了,整体企业管理体系才能重建好,现在,我将这个项目展开后的主要内容比上次更具体地从整体框架上描述了一下,您有什么感觉?您觉得20万元能做下来吗?"这时,对方沉默了。我曾经和大家分享过一个重要的实战小技巧,那就是,在谈判利益博弈的过程中,针对我们关注的问题,如果我们提出一个新提议时,对方沉默了几秒钟,那这个情况背后隐藏的重要信息就是对方对我们这个新提议的瞬间认可。

从而,我读懂了对方的内心,我通过专业性表达所形成的权威因素,给对方主观思维施加了很强的影响,让对方主观上认为当前的项目预算还是不够的。见此情形,我心里也知道对方对这个项目的价格是没有自主决定权的，因此我继续说道："我觉得，您好不容易专门到上海来跑一趟，我们肯定一起努力，争取把这个项目做成、做好了，但当前这个情况，确实有一点尴尬和困难。我建议，您现在就可以与公司管理层商量，向他们告知一下这个项目更加具体、详细的真实内容，让他们心里也清楚这个项目真没那么简单。另外，我想这个项目对你们而言，应该也是一个很重要的事情，您想一想，你们公司拥有当地多少核心资源啊，如果你们公司被盘活了，那么将产生多大的溢出效应啊，所以，你们主要领导才这么重视。他们现在虽然对这个项目内容的复杂性和难度还没有太具体的了解，但通过您前面几次向他们汇报后他们的态度情况来看，您应该也能够感觉到他们是知道这个项目对你们的价值的。现在您又在上海，我认为您在与公司管理层商量后，是可以直接向主要领导再具体汇报一下的，特事特办嘛。"对方稍作思考后，对我的观点表示了认同，然后，对方起身暂时离开了午宴的包房，到外面走道打电话开始沟通。这个电话沟通了很长时间，我现在都还能回忆起当时的场景，感觉大概有一个多小时，这种时间感也间接地告诉了我，他们正在紧急向领导汇报和请示。随后，对方回到了我们午宴的包房说："吴总，我刚和我们班子成员临时开了个电话会，我把刚才您对我说的这些情况都与他们沟通了一下。确实，在这方面我们都不太懂，这个专业性太强了，如果您刚才不这么详细地给我讲解，我们真不知道这个项目里面的工作量这么大、这么复杂和具体，前面是我们考虑不周，请您多谅解。我们沟通完后，大家都很认可，由于时间紧急，大家也都不希望再耽搁这个项目的推进工作了，认为很有必要立刻向领导汇报这个情况，所以，我刚在外面花费了一点时间，就是在做这个事情，抱歉耽误了一会，领导们现在才对这个项目内容的一些细节有了进一步了解，明确表示这个项目很重要，并将项目预算增加到了 30 万元，希望我们能够立刻把项目开展起来，具体开始推进和落实。同时，领导们也指示我们一定要向您转达他们的意见，领导们说，希望您这边把这个项目先开始做起来，因为时间上他们觉得不能再拖了，现在刚做完企业改制，这是一个很好的推进企业整体变革的契机，如果时间再推后，那后面再做这个项目时，又需要做很多额外的思想工作，另外，领导们也说了，还是希望您这边能够先做，如果目前项目预算不够，没关系的，您觉得这个项目多少预算合适，他们后面会想办法再来补充，也请您放心，现在时间上领导们确实很着急。"这个时候，我觉得后报价的时机到了。一方面，从对方如此真诚的表达中，我基本上摸清了对方当前的底线，那就是该项目能挤出来的预算最高只有30万元了，如果我再继续端着，该项目可能就真要流失了，而且对方也没有完全说死该项目的预算，这既说明了对方对我的认可，也说明了我后面还有争取更多收益的可能，只是这需要花费一段时间，而绝大多数项目的付款方式都是分期付款的，进而也就能够留出对方筹集更多预算的时间窗口。

基于以上分析，我继续按照自己的预期目标和谈判方向前进，坚持采取了后报价和高报价策略，从而，我向对方进行了回应："刚才我听您讲完后，说真话，我内心是非常感动的，非常感谢公司管理层对我的认可和信任，我一定会把这个项目做好，为当地经济社会发展做出我自己的一份贡献，请大家放心。另外，关于这个项目预算的问题，我是这样想的，我首先考虑到的是，我们之间不仅是合作伙伴，还是相互信任的朋友，所以，我在这个项目中，从一开始压根就没想过赚多少钱，我更多考虑的是怎么帮助朋友们切实解决好问题，可以说，这个项目对我而言，并不是一个商业项目，而是一个友情项目，但项目的展开也确实需要投入大量专业人力、精力和时间，而这些人又都是也只能是社会精英，一般人做不了这个，进而项目实际发生的成本也就非常高了。出于朋友的感情，依我的性格，我可以不赚钱甚至赔钱，也正因如此，我对这个项目报价的思考，从来就没考虑过按照一个商业项目报价，这个项目如果按照市场基本行情，价格正常都在100万元以上，而你们公司的情况又更加复杂，这100万元肯定是不够的。按照一个正常商业合作的方式，基于你们当地财政和公司经营的实际情况,我估计你们的压力会比较大,这些情况我都了解,所以,作为朋友,我肯定不希望你们有任何压力,肯定希望你们都好,这也就是为什么我刚才说,对这个项目我压根儿就没想过赚钱,因为一方面知道你们难,另一方面我也做不到赚朋友的钱,我其实一直都在为你们考虑。可是,这个项目的具体展开并不是我一个人就能够做的,而是需要整个团队全身心地投入,我可以不要钱,但我不能要求其他人也这样,每个人都有自己的家庭,而这些人所属的精英圈层也都有自己习惯的消费水准,我不可能强制要求他们降低生活质量,我得考虑大家的实际情况,我除了对朋友负责,我也需要对团队负责。我也正是基于这种综合的考虑,完全从项目成本出发,把这个项目作为一个朋友间的友情项目,我大概算了一下,差不多 50 万元的项目预算应该可以打平。我们进一步看,这个项目具体内容是由组织体系、薪酬体系、绩效体系、晋升体系和奖惩体系等五个核心子体系的重建组成的,也就是说,一个核心子体系的项目成本在 10 万元。对一家公司的管理体系而言,这五个核心子体系是缺一不可、相互支撑的有机整体,但从项目具体推进和落实的角度来看,这五个核心子体系重建是可以有先后顺序的,目前,你们项目整体预算在 30 万元,我想为了不耽误项目进度,抓紧时间,我们可以先选择三个核心子体系开始做,在这个做的过程中,剩余那 20 万元预算什么时候能够补充到位,我们什么时候再接着展开剩余的两个核心子体系的内容,这些我们通过合同确定下来就好,既不耽误时间和项目进度,又给了你们充足的时间去想办法调配预算,我觉得这是当前这种状况下,一个最好的解决方案。"在我表述的这番内容中,大家应该能够感受到,我在高报价时的一个非常技术性的处理,那就是,我将我报出的 50 万元价格与项目具体内容直接绑定,即一个核心子体系是 10 万元,五个核心子体系就是 50 万元,这样就实现了对我自身利益的强力支撑和保障。如果对方咬住 30 万元不松口,那我就做三个核心子体系;如果对方的预算还有空间,那他必然会去争取,因为对方主观上已经形成了这五个核心子体系都必要的认知。故对我而言，可进可退，我处于最佳状态，这也就验证了我们在高报价策略中提到的，高报价其实并不是盲目的，而是通过提供我们各个产品或服务相关性具体内容的一揽子价格，在对方向我们讨价还价时实现对我们的利益支撑。最后，谈判的结果，大家应该就能够判断到了，对方完全按照我的想法，接受了我的方案。在对方5万元项目预算和自己50万元项目预期这种极大差距的利益博弈中，我作为乙方，成功实现了对甲方主观思维的深层次影响与牵引，并始终牢牢占据着谈判的主动权和主导地位，经过多回合充满自己策划和技巧的拉锯战，最终以50万元——自身利益最大化的项目价格结束了整个谈判。

通过这个管理咨询项目的完整谈判案例，我想大家应该能够对初始报价技巧和其实战运用形成一些主观感受，即基于对我们所提供产品或服务的分析与把握，明确自身所处的商务情景和条件，再有针对性地采取先报价和低报价的策略，或者后报价和高报价的策略。此外，我更希望通过这个案例，大家能够反复琢磨与思考，尤其是对我在谈判过程中的很多细节处理进行更深的感悟，形成自己主观思维的一种深刻认知，增强自身对商战谈判现场的灵敏度，培育自身对商战谈判进程的驾驭能力，提升自身在商战谈判博弈中的思维深度。

掌控对换让步技巧

当我们把握好了谈判中六大主要影响因素后，我们就能够在谈判早期阶段，通过对这六大主要影响因素的利用，实现对对方心理状况和主观思维的有效影响，进而，充分发挥我们在初始报价中所选择的有针对性的策略的实际作用，引导谈判的进程和方向。随着谈判的进行，双方在利益博弈中往往会出现让步的现场情况，尤其是当谈判进入了后期阶段，双方通过充分的信息交互与沟通后，都在试图尽可能地争取自身利益，这时，让步行为的出现就会是一个大概率事件。但是，让步行为毕竟是一种利益的出让，必然会给自身带来利益损失，也正因如此，我们对让步技巧的理解和掌控就显得更加重要。如果不能掌握让步的技术性，那么，我们就很难在自身做出让步行为时，仍能够影响对方主观思维，更难实现通过让步争取自身利益最大化，那最后的结果就只能是非常遗憾的，自身利益白白流失了。为了避免这种糟糕局面的发生，我们需要从让步行为对人心理和主观思维影响的层面进行分析和思考，在此，我结合自己20多年的商战实践，提出大家应该先建立起一种正确的思维导向，那就是我们不说"让步"，只说"对换让步"。为什么呢？我希望通过这种方式和心理暗示，在我们正式探讨技术性内容前，大家能够形成一种主观的"刻板"印象，那就是在谈判中不能够单方面做出让步行为，让步必须是双方共同的，所以，我们称为对换让步。

　　随之，我通过对对换让步技术性内容的实战总结与梳理，在谈判后期阶段，将对换让步的主要内容聚焦于三个方面的技巧。其一，让步的条件属性，即所有的让步都必须是有条件的，永远都不能够做出没有条件的让步。大家想一想，如果在谈判中，我们要对方让步时，对方就给出了让步，也不向我们提出任何让步的条件，在这种情况下，我们会形成怎样的主观感受呢？显而易见，我们一方面必然会感到要对方让步时，我们没有任何压力；另一方面大概率也会觉得对方"水很深"，里面还有很大的空间，进而我们会产生一种非常正常的主观思维导向，即要对方再次给出让步，因为对方每让步一次，我们就多获得了一些对方出让的利益，我们肯定希望通过谈判博弈实现自身利益的最大化，故我们会不断地谋求对方给出让步。在生活中一个非常简单的例子可以帮助我们感性理解。例如，我们去一家非品牌的箱包店买旅行箱，我们在挑选后看中了其中一款，问这个旅行箱多少元。假如对方告知500元，这时，我们问对方："便宜一点，400元行不行？"此刻，对方如果马上回应400元可以，大家想一想，在正常情况下，我们会立刻用 400 元买下这个旅行箱吗？大概率是不会的，我们通常会继续追问："那 300 元行不行呢？"大家结合自己的生活经历，想一想，是不是这样？答案一定是"是"。那么为什么我们会有这样的主观反应呢？这个问题的答案其实是，人内心对利益的极大化追求与贪婪。一个人在追求自身利益，而且没有任何压力时，绝大多数情况下并不会满足于已获得的既得利益，而是希望利益越多越好。压力都是人对风险的感知所形成的主观印象，它会对自我心理层面产生影响。人一旦在争取利益过程中感到压力，人的主观思维就会考虑这种利益得来不易，利益争取的过程是困难和不确定的，那么可能就会更多地将注意力聚焦于自身已经获得的既得利益上面，进而，在压力下实现内心的满足，放弃进一步争取利益的机会。

基于此，我们应该就能够理解了，当我们要对方让步时，如果对方没有提出任何条件就给出让步，那么我们大概率是不会停下谋求对方给出再次让步的脚步的，因为我们在争取利益的过程中感觉不到压力，故我们内心就不会满足，而是会尽可能多地争取和追求自身更大的利益。反之，如果对方在让步时提出了条件，结果就大不一样了，对方提出的条件在本质上是谋求其在向我们让步时我们同步给予对方的让步，这个条件也就形成了我们争取利益的压力，从而，我们会分析为了争取这个利益而承担这个条件的内容，对我们自身而言，值不值，同时我们也会形成一种主观预期，即我们继续再谋求对方让步时，对方依然会提出条件，当我们感觉对方条件的内容对自身压力越来越大时，我们往往会放弃进一步向对方索取更多的让步，而会更多地关注当前已获得的利益情况，进而实现内心的满足。在此，我们还需要理解一个实践中重要的心理状况，那就是，对于所获利益大小的判断，什么情况下利益才是最大化的，这是没有具体标准的。在竞争不充分的市场环境中，信息基本上是完全不对称。在竞争非常激烈的市场环境中，信息也只是相对对称，不可能完全对称。所以说，谈判双方都是在信息并不完全对称情况下进行利益博弈的，那么在正常情况下就不可能存在所谓的绝对利益最大化，而只有相对利益最大化。所谓相对，那是因为这是来自人对当前实际情况的主观思维认知，只要是人做出的判断，那就是主观的，只要是主观的，那就是能够被影响的，所以，当对方能够让我们感觉到再进一步争取利益需要面对对方条件的压力且该压力越来越大时，我们就会在主观上形成一种当前状况已经接近对方底线的判断，进而逐渐满足于当下已获得的利益情况，这种自我内心满足的心理状况的出现，就表明我们认为自身利益已经实现了最大化。

我们再继续刚才提到的在一家非品牌的箱包店买旅行箱的例子，当我们问对方"400元行不行"时，如果对方换一种方式回应我们："这个肯定不行，但如果你买两个价格都在500元的旅行箱，那单个旅行箱400元可以商量一下。"大家感受一下，对方提出的一个这样条件，会不会对我们形成一点压力，进而影响到我们的主观思维呢？应该是会的吧。这个时候，我们的主观思维大概率会形成一种判断，那就是如果我们只买一个旅行箱，价格能够争取到400元，内心就比较满足了，不会形成在前面例子中，对于400元还不满足，还想进一步争取300元的心理状况。现在，大家应该就能够更全面地理解为什么所有让步都必须附带条件了，条件的设置是为了让对方感觉到目前的内容没有水分，内容很实，近乎我们的底线，对方每一次争取利益都会遇到很大压力，从而谨慎争取利益，从而实现对对方心理层面和主观思维的影响，让对方满足于当下，并在主观认知上形成自身利益已最大化的判断，最终充分保障了我们对自身利益的获取。

让步的条件属性让我们形成了攻守两方面不同的实战策略。当我们处于进攻态势时，我们在谋求对方给出让步的过程中，可以先尝试不提出对应条件来争取对方让步，如果对方急于求成或缺乏经验和技巧，对方可能会做出没有条件的让步，那这种情况对我们争取自身利益而言将会是非常好的机会，我们可以乘胜追击，不断地向对方施压，进而索取对方给出更多的让步。然而，在大多数情况下，如果对方具有丰富的经验和技巧，对方是不会轻易地给我们做出让步的，这时，我们就需要提出条件，并将所提出的条件和索取对方让步的内容绑定，从而对对方形成压力，引导对方在条件所提内容和让步内容中进行选择，进而尽可能地争取我们自身的利益；当我们处于防守态势时，在对方谋求我们给出让步的过程中，我们要非常坚定地明确，无法做出任何没有条件的让步，我们的每一个让步都必须带有条件，让对方付出代价，这样才能够给对方足够的压力，在实现双方利益互换的同时，最大化地保障我们自身的利益。

其二，让步的利益属性，即所有的让步都需要用尽可能小的利益出让，来换取更大的利益回报，进而才能够实现当我们做出让步时，还能够影响对方的主观思维，并争取自身利益最大化。那么在真实的谈判场景中，具体怎么理解和运用这种技巧呢？对于这个问题，我试图找出一个更加感性的例子来帮助大家理解，并让大家能够在主观上形成对这种技巧的感觉，于是，我花费了一点时间思考，我在脑海中快速回放和梳理我曾经经历的各种谈判博弈现场，其中我曾经看过的一部电影《王牌对王牌》中的一个经典选段能够帮助我们实现对这种技巧的更加直观和感性的理解。这部电影讲述的是一位警察被栽赃冤枉后通过暴力挟持人质来洗脱自我冤屈的故事，在这段电影选段发生前，我先给大家进行一些前提概要的铺垫。

这位警察原本是一位高级警官，为人正直。有一天，他突然接到了一位警员的电话，这位警员在电话中非常紧张地告诉他："我无意中发现，我们警察局的高层在贪污我们警员的养老金，然后我一直在暗中调查，这个事情好像检察官也参与了。我感觉他们已经发现我了，我现在非常害怕，担心他们会害我，我不知道还有哪些人和他们是一伙的，不知道该相信谁，我只能给你打电话告诉你这个事情，因为我认为你永远都是值得我信赖的，我手里现在有一些调查材料，我想交给你，以免我出现意外。"听闻后，这位警察非常震惊，并说道："你现在千万不要紧张，一定要镇定，这些话不要在电话里说，我们晚上八点钟在市郊的湖边见面，那里人少，不会引起注意。"随后他挂断了电话。但这位警察没有想到的是，告密的警员早已被警察局的高层盯上了，其通话一直处于被监听的状态，故警察局的高层在获悉此通话内容后，准备将计就计，嫁祸给这位警察。警察局的高层安排了人员，早早地布局在他们约定见面的地点，告密的警员一出现，立刻就被枪杀了。等这位警察抵达时，他发现告密的警员已经倒在了血泊中，出于职业本能，他跑过去抱着告密的警员进行急救，就在这个时候，很多提前安排好的警察突然出现了。这位警察看到后，感觉到了不对劲，靠着自身反侦察能力迅速逃离了现场，但他在告密的警员身上留下了指纹，加之现场警察的目击，以及监控中的记录，这位警察成功地被警察局的高层陷害了。紧接着，警察局对这位警察发出了通缉令。这位警察在逃亡期间，为了洗脱冤屈，考虑到检察机关的安全防御级别比警察局要低很多，再加之他本身就是一位高级警官，对检察机关的内部结构很熟悉，所以冲进了检察机关大楼的检察官办公室，绑架了检察官、检察官秘书和正在谈事情的两位访客，很快，检察机关大楼外部被警察局的警力层层包围，形成了对峙局面。随着时间的流逝，这位警察在检察官身上没有找到突破口，但却从检察官秘书的口中了解到，检察官有一台私人的非常老旧的台式电脑，就放在办公室隔壁储藏室的一个隐蔽角落，检察官会把自己的私人数据和文件都放在这台电脑里，所有操作都是检察官自己一个人进行的。此外，检察官秘书还表示这件事情她本不应该知道，她也是不经意间发现了这个秘密，这台电脑里面有很多东西，她觉得这台电脑中的资料可能会对这位警察有帮助。在这位警察通过给予人质压力寻找线索期间，检察机关大楼外部的警察在多次喊话未果后，准备切断检察机关大楼的电源向这位警察进一步施加压力。于是，就在这位警察胁迫其中一位人质去搬这台电脑的时候，大楼突然停电了，电脑自然就没有办法开机了。在这种情景下，这位警察主动联系了包围在大楼外部的警察，表示要进行面对面谈判，并指定了一位他认为不太可能参与这起贪污案并且他能信得过的警察，让这位警察单独到检察官办公室门口进行对话。

紧接着，这段电影的选段就正式开始了。这位警察拿着枪挟持着检察官站在办公室门口内侧，对方拿着枪站在办公室门口外侧。这位警察说道："我要求恢复大楼的供电。"对方没有对这位警察的内容做出直接回应，而是通过一段非常压迫式的表达，试图将这位警察拉入自己的话语体系中，进而实现对这位警察主观思维的影响："什么？你有求于我？你在向我寻求帮助？你以为杀人能增加谈判筹码？为什么？你以为你了解我？以为你能信任我？以为你知道我会怎么做？我会为你争取时间？别指望这能帮你，现在只有我一个人站在你和一支急于冲进来杀你的部队之间，你说我为什么要挡他们的道呢？你说我为什么要和你谈判呢？"可见，对方是一位谈判高手，开场的这一系列攻击式问题，是我们在谈判准备中谈判风格部分分析过的竞争型风格的充分体现。从这段电影选段的画面中，能够感受到在对方的攻势下，这位警察有一丝慌张，但这位警察毕竟是一位高级警官，经历过风浪，拥有强大的心理素质和思维能力，因此，面对对方的攻击，这位警察用了几秒钟时间让自己冷静下来，拿捏住隐藏在对方强势竞争型风格背后的解救人质这个实际需求，继续说道："我手上有人质，他们会为你的错误受到惩罚。"这位警察试图用这种触碰对方痛处和核心利益点的方式来影响对方主观思维，但是，对方是一位谈判高手，其通过这位警察的说话内容看穿了这位警察的想法和动机，因此对方故作镇定地表示："你在威胁我？你刚刚在威胁我？别以为你请我来，就能得到我的同情，我正巴不得一走了之，你要记住，我是一个陌生人，你不知道我能做些什么。"……在这种谈判氛围下，这位警察发现没有办法影响到对方的心理和主观思维，不得不直接向对方摊牌了，说道："有些现象不代表事实，我需要电，打开电脑查看里面的资料，还要食品和毯子给人质。"对方在了解到这位警察谈判的真实目的后，立刻反馈道："我要一名人质作为交换，不然一切免谈。"这位警察眼神转了转，放走了一名访客（人质）给对方，相应地,对方通过对讲机恢复了大楼的供电。

通过这段电影选段,大家应该能够感觉到,这是一段非常精彩的发生在两个谈判高手之间的对话,双方几乎都避开了进入对方的话语体系,双方也几乎都拿捏准了对方的痛处和核心利益点,双方几乎都能从对方的言论中看穿对方真实的想法和动机,此外,双方还几乎都用策略和技巧躲过了自身主观思维被对方所影响,进而,最后形成的谈判结果是一个在当下对双方而言都利益最大化的结果,他们都用自身尽可能小的利益出让,换取了更大的利益回报。对此,大家再深入想一想就能够明白:首先,双方的让步都是有条件的,没有做出无条件的让步;其次,对于这位警察而言,只要手中还有其他人质,放走一名人质对其的利益损失是不大的,但作为交换条件,换取的大楼供电使得他能够查阅电脑中的资料,就有可能找到自己被陷害的证据,这个利益的回报对他应该是极大的,而对这位警察的对手方而言,恢复大楼的供电对其利益损失是非常小的,甚至可以说没有损失,但作为交换条件,换取了一名人质,这个利益的回报对其必然也是极大的。现在,大家应该就可以从感性的角度比较轻松地认知和理解让步利益属性了。

基于此,我们再进一步具体分析,在真实谈判的利益博弈中,到底应该如何判断出我们自身让步所出让利益的大小,以及我们又如何确定对方给予我们的对应让步的利益大小呢?这个问题与我们在谈判准备中的工作密切相关。在谈判准备的第一部分工作中,我们明确了需要确定谈判议题。首先,将整个谈判所涉及的事情和事项结构化为一些具体的小题目,然后,逐一评估每个小题目涉及我们自身利益的大小,进而,将这些小题目依据对我们而言的利益按从小到大的顺序排序,所以,谈判准备工作对整个谈判而言至关重要,只有在这些工作能够夯实准备的前提下,我们在谈判现场的对换让步中,才能够非常清晰地了解我们每一个让步所失去的具体利益,和对方相应给予我们的每一个让步中我们获取的实际利益。这样,在利益博弈过程中，我们就能够做到对所出让和所争取实际利益心中有数，也能够清楚地知道我们的每一个让步应该具体绑定哪些对应条件，更加能够有效把握对方迫使我们让步时我们应该提出哪些有针对性的要求。这会使得在对换让步时，我们能始终处于一种不慌不忙的心理状态，始终保持一种坚如磐石的主观思维，始终开展一种引导对方的策略方向，最终，真正地实现用我们自身尽可能小的利益出让，来换取对方给予我们更大的利益回报。

其三，让步的时间属性，即所有让步的条件都必须着眼于当前谈判所涉及事情和事项的交易本身，不能够基于过去的合作和感情积累，也不能够放眼于未来不确定性承诺。对此，我们应该如何具体理解呢？在真实的谈判中，我们与对方在通过对换让步进行利益博弈时，可能会遇到对方采取的两种策略情景，尤其是对方具有丰富的谈判经验和高超的谈判技巧时。第一种策略情景是对方不断强调过去与我们已经有深厚的合作基础，打感情牌，影响我们当前的主观思维，并将这些过去发生的事情作为让步条件，来谋求我们在当前事项上给出具体让步。第二种策略情景是对方持续强化预期，即未来存在进一步、更多、更大合作可能，打引诱牌，影响我们当前的主观思维，并将这些当下还没发生的不确定性事情作为让步条件，谋求我们在当前事项上给出具体让步。我们举一个生活中非常常见和简单的小例子来感受一下，例如，我们去一家服装店买衣服，假设我们过去在这家店买过衣服，即第一种情景，那么，当我们在价格博弈时，如果商家始终不让步，我们可以说道："我是你的忠实老客户啊，一直在你店里买衣服，过去买了好几件，你忘记啦？我就是因为在你这里买衣服时，感觉很好，无论是衣服款式，还是老板你的为人，我都感觉很不错，所以，这次专门大老远跑过来照顾你的生意，你这价格如果不便宜一点，那就真说不过去了，伤感情啊。"这是一个典型的利用过去合作基础，通过打感情牌，争取对方在当下做出让步的情景，如果对方缺乏经验和技巧，那么对方的主观思维很容易被我们所传递的感情因素影响，毕竟人心都是肉长的，将心比心，以心换心，感情因素对人心理状况与主观思维的影响也就在情理之中了，从而对我们实现自身利益最大化形成支撑。现在我们再来感受另外一种情况，假设我们过去在这家店没有买过衣服，即第二种情景，那么，我们为了尽可能地争取自身利益，在与商家讨价还价时，我们往往会这样说："老板，我感觉你这里的衣服款式很不错啊，我有几个好朋友穿衣服一直都是这种风格的，她们肯定喜欢，你给我便宜一点呗，下次我带她们一起来，到时再多买几件。"这是一个典型的利用对方对未来的合作预期，通过打引诱牌，引导对方在当下做出让步的情景，同样，如果对方缺乏经验和技巧，则主观思维很容易被影响。在这个小例子中，对对方而言，做生意赚钱必然是其核心利益点所在，故只要我们拿捏住对方想赚钱的核心利益点，并能够让对方主观形成用当下少赚一点来换取未来赚更多的想法和认识，那么在当下，对方的心理大概率会出现波动，其主观思维就容易被我们牵引，从而有力地支持了我们对自身利益最大化的追求。

可以说，类似的谈判场景不仅在我们工作的商务场合，而且在我们的生活中，都是屡见不鲜的。例如，在2022年，我夫人身上就发生过这样的实例，我夫人是一个对自己、孩子和家庭都很有规划的、细致的人，她在2021年下半年给小女儿（当时4岁）报了一个英语学习班，对小女儿进行英语学习的启蒙，但从2022年3月开始，受疫情影响，小女儿的英语学习班不得不从线下转为线上。大家想一想，一名四岁的小孩，在线上学习英语的学习效果可能是怎样的？一名四五岁小孩的心智模式是非常稚嫩的，其需要的是通过线下那种氛围感，慢慢形成对语言学习的兴趣，再逐步地培养学习习惯，而这些目标在线上学习是大概率实现不了的。我深知这一点，故当小女儿这一期学习班临近结束，这家英语培训机构的销售人员联系我夫人，继续推销线上课程时，我向我夫人明确表态，如果是线上学习，绝不续课，小女儿报名学习班只是形式，培养她对语言的感觉才是目的，线上学习对四岁的小孩是很难达到这种目的的，切不可把形式当成了目的。于是，我夫人听从了我的意见，拒绝了这家英语培训机构的销售人员，并向其非常确定地表示，只要线下课程恢复了，我们就会报名，如果是线上课程，就不再报名。但是，这位销售人员对我夫人依然不依不饶，一直联系我夫人，并通过拿捏住我夫人的痛处和核心利益点，即我夫人不想小女儿输在起跑线上，持续对我夫人施加影响，向我夫人表示："近期应该不会有线下课，整个2022年下半年可能都不会有线下课，如果您女儿不报班学习的话，就会落后同龄的小孩太远了，后面再追就很累了。"这就是在用未来的预期，对我夫人的主观思维进行引导，致力于我夫人在当下做出让步，购买其销售的线上课。由于对方拿捏住了我夫人的痛处和核心利益点，我夫人的主观思维已经被对方影响了，因此我夫人转而开始给我施压。但我拥有丰富的经验和谈判技巧，对方的这些伎俩我一眼就能看穿，我向我夫人告知："亲爱的夫人，未来有没有线下课，这位销售人员怎么可能在当下这么确定地知晓呢，上海市的领导们都不能确定，这位销售人员就这么确定吗？夫人，你稍微想一想，这位销售人员这样做的目的是什么？不就是为了让你形成未来肯定没有线下课，早晚都要选择线上课的预期，然后，让你觉得反正都是线上课，晚报还不如早报吗？最后结果就是，你现在就买他推销的线上课。你如果不买，这位销售人员哪里有收入和提成呢？你好好想一想，是不是这个道理？你一定要知道，我们给小女儿报英语学习班的目的是什么，不是为了报而报，不是为了给这位销售人员收入和提成而报，而是我们希望通过学习班培养小女儿英语学习的感觉，这是一定要氛围的，只能是线下。所以，夫人，你直接转告这位销售人员，就是一句话：'如果你们以后都没有线下课了，那我们就换培训机构，什么时候有线下课什么时候联系我们，线上课一律免谈，再继续推销线上课，直接拉黑。'对方是要做你生意的，你还担心对方会跑吗？怎么可能呢？你一定要看清对方的核心利益点是赚你的钱，而我们小女儿的好坏都是与对方完全无关的。看明白这个后，你就不会进入对方的话语体系中，就不会被对方牵着走了，你就会按照我们的目的和对方谈，将对方拉入我们的话语体系里来，让对方的主观思维跟着我们走。"我夫人听后，就按照这个策略向这位销售人员反馈了，终于，这位销售人员安静了，我能很确定在这家英语培训机构重新开始线下课时，这位销售人员会第一时间与我夫人联系。这件事情就此暂告一段落。

另外，我再举一个发生在前段时间的例子，让大家可以再细细感受一下，这些技巧的运用实际上就在我们身边。我在把握谈判中影响因素的社会佐证因素分析部分中，提到了一个我和我夫人买奥迪 Q5 越野车的实例，我在和我通过比较后锁定的这家 4S 店的销售人员，具体就这款车的价格进行博弈的过程中，这位销售人员试图利用这款车未来的价格预期来影响我的主观思维，进而谋求我在当下对这款车的价格做出妥协和让步，这位销售人员对我说道："现在奥迪 Q5 的车一天一个价，天天都在涨价，越早订越划算。目前，我们接到通知，下个星期又要涨价。"听完后，我轻轻地笑了笑，回复道："这车后面涨不涨价，和我有什么关系呢？我又不是后面才和你聊，我是现在、此刻正在和你聊，未来的事情谁都不知道，你也别和我说未来，我们就看现在这个价格。你如果想卖车，那就诚心聊一聊，别扯什么过去、未来那些有的没的，我只看眼前这个价格包括什么，怎么优惠，聊得好就订，聊不好就拉倒。"很明显，我并没有被这位销售人员影响，更没有进入这位销售人员的话语体系中，关于随后的谈判进程，大家可以回顾我在社会佐证因素那个实例中的介绍：我通过进一步策略的使用，占据了谈判的主动权和主导地位，并实现了自身利益的最大化。通过这些实例——事实上这些都是发生在大家身边的例子，我希望大家能够更深刻地明白，基于让步的时间属性，在谈判实战中，我们可以通过打感情牌或引诱牌，着眼于双方过去合作基础形成的感情纽带，或者放眼于未来预期对对方的引导，影响对方心理和主观思维，并在我们没有做出实质性利益出让的前提下，争取对方给予我们更多的让步，同时，当我们发现对方对我们打感情牌或引诱牌时，我们心里要清楚地知道："过去发生的事情总是很容易被人遗忘的，未来还没发生的事情总是飘忽不定的。"这样，我们就能够将自身关注点始终聚焦在当前谈判所涉及事情和事项的交易本身，而不会被对方影响，还可以将对方拉入我们的话语体系中，对对方心理和主观思维施加影响。

我们深入分析和理解了让步的条件属性、让步的利益属性和让步的时间属性后，才能够准确地把握住对换让步技巧的所有内涵，但我们对这些技巧的真正掌控，还有赖于我们在谈判实战中不断践行与感悟，这必然是一个过程。在此期间，我们一定要建立正确的意识和思维方向。只有这样，在谈判后期阶段，我们才能够通过充分运用对换让步技巧，在保障我们占据谈判主动权和主导地位的同时，实现自身利益的最大化。

第六章

谈判核心：价值博弈

在谈判整体进程中，价格问题永远都是最敏感的问题。无论是在谈判早期阶段的初始报价中，还是在谈判中期阶段的信息交互中，抑或是在谈判后期阶段的对换让步中，可以说，谈判双方采取的策略、施展的技巧，以及相互斗智斗勇的过程，一切都是为价格服务的，因为谈判双方各自利益的实现最终还是要落脚到谈判所涉及事情和事项的具体价格上，所以，价格一直是谈判最核心的关注点。我们期望通过谈判实现自身利益最大化，在实质上，其实就是我们如何争取到一个对自己最有利的合作价格。

在此背景下，大家思考一个问题：当谈判双方都致力于追求一个对自己最有利的合作价格时，那么，这种价格是否客观存在呢？很显然，在现实中不可能存在一个价格，在客观上能实现谈判双方利益的最大化，因为谈判双方在谈判中的利益得失是此消彼长的，因此，也就是说，谈判双方对自身是否实现了自身利益最大化的判断，其实是一个主观感知的过程，而并不是这个价格是否真正地在客观上实现了自身利益的最大化。换句通俗的话，那就是说只要我们认为当前的价格已经实现了自身利益的最大化。

同时，我们也让对方认为这个价格已经实现了对方利益的最大化即可。显然，这一博弈远非简单的讨价还价。它涉及深刻影响对方的主观思维，引导其主观上认可并满足于特定价格，进而在心理上感到物超所值。因此，这场博弈的核心并非单纯围绕价格的升降，而是推动对方深化对价格背后价值的认知，即一场真正的价值博弈。基于此，我们可以初步感觉到，蕴藏在价格博弈深处的是主观思维受影响的过程，再加之价格本身对谈判的重要性和敏感度，这必然又是一个技术性非常强的过程，故我们需要洞悉价格的本质，真正地理解价格，并能够驾驭各种价格策略，进而通过针对对方实际情况，有效运用策略，在价格博弈中，充分影响对方的主观思维，牵引对方对价格的理解和方向，最终，在尽可能地争取到自身利益的同时，也能够让对方形成我们所期望的价格就是对方利益最大化价格的主观判断，以此达到我们的目的，实现我们自身利益的最大化。

洞悉价格本质

关于价格，可能我们大多数人都会认为是一串数字，实际上这一串数字只是价格的一种客观存在，并不是价格的本质，如果我们不能认知和理解价格的本质，那么我们在谈判的博弈中，就难以影响和牵引对方的主观思维，也就不可能尽最大努力争取和追求自身利益最大化。那么，价格的本质是什么呢？我在回答这个问题之前，先分享一个小例子，让大家能够在主观上先形成一点感觉，这将有利于我们后续对博弈重要技巧的领悟与掌握。例如，我在市郊有一幢别墅，别墅前有一块独立的绿地。某一天，我的小女儿对我说，她想买一匹小矮马，我想想后，觉得这块独立的绿地上正好可以建一个小马厩，养一匹小矮马当宠物也挺好。于是，我到马市去买马，我询问了第一家卖马的商家："请问，这种小马多少钱一匹？"对方回应道："8 000元一匹。如果喜欢，现场付钱，然后牵走。这马品相好，一口价。"在正常情况下，我们买东西都会货比三家。然后，我又问了第二家卖马的商家同样的问题，第二家商家则说道："这马10 000元一匹。"听后，我对这个更高的报价感到很惊讶，马上继续问道："你这马与我刚才看到的前面那家卖的马，品种一样，品相也差不多，为什么你的价格却比那家贵这么多？这太贵了吧。"这时，对方告诉我："我的这匹马价格就是10 000元。但是，如果您喜欢这匹马的话，您可以先不付钱，将这匹马免费牵走饲养一个月。在这一个月里，我免费提供马的饲料，另外，我还会派一位专业的养马师，定期到您家里，免费教您如何更好地养马，以及如何与马进行更好的互动和交流。一个月后，我会专门去拜访您，如果您那时不想要这匹马了，我就把马牵走，不收您一分钱，并还帮您把马厩打扫清理干净。但如果那时您还想要这匹马，那么价格就是10 000元一匹，您到时再付钱。"大家想一想，在这两种不同的情景下，我会选择买哪家卖的马呢？我想在绝大多数人的思维中，都会认为我应该买第二家的马吧。的确，买第二家的马是一个大概率的选择。那么，问题就来了，第二家的马明明比第一家贵很多，为什么我们宁愿选择一家贵的，而不选择便宜的呢？这时，大家可能会说：第二家卖的马虽然需要10 000元，但不需要我们先付钱啊，这样我们承担的风险就会很小，如果我们养了一个月后不想要了，我们没有任何损失；如果我们买第一家的马，我们一个月后却不想要这匹马了，我们不就要承担8 000元的损失吗？这风险不就会很大了吗？我们肯定要选择风险小的方案啊！这里，在我们的意识中出现了一个风险的概念，基于此，我想给大家补充一个知识点，分享一下我对风险的理解。

  大家思考一下，这个世界上会存在绝对没有风险的事情吗？可以说，几乎没有，绝对性是一个永远都不可能存在的理想状态，我一直认为世界上没有风险的事情往往就是风险最大的事情，为什么？那是因为这世界上就不可能存在没有风险的事，如果我们认为这件事没风险，那仅仅是由于我们还没有发现这件事背后的风险在哪里，如果我们还不清楚这件事背后的风险，还不知道自己能否承受这种风险，就开始做了这件事情，这难道不就是一件风险最大的事情吗？至死不悟，不亦哀哉？因此，任何事情都蕴藏着风险，只是风险大小不同而已，从而我们会发现一种现象，那就是绝大多数人总是希望做自己认为风险小的事情。这是为什么呢？从表面上看，体现为害怕因风险而造成损失，但从实质上看，其实是绝大多数人没有能够真正认知和理解风险，在主观思维上盲目畏惧风险。对此，我一直都存在不同的看法，这种看法来自我对自身20多年商战实践经验的反思与提炼，我非常确定地认为，风险不仅不可怕，而且是非常可爱的。如果我们做的一件事情是没有风险的，那就说明这件事情必然是没有价值的，它只能浪费我们的资源和损耗我们的精力，故没有风险的事情不值得我们去关注，况且也并不存在真正绝对没有风险的事情。风险与价值往往是对等的，也就是说，只要是蕴含价值的事情，就必然存在风险，价值越大，风险就越大，所以，我们看到即将开展的一件事情中存在风险时：应该将风险视为一个积极的信号，该信号告知了我们这件事情是有价值的，值得我们去做，只是我们需要评估我们对此风险的承受能力，以及通过创造或转换相关条件来降低此风险对自身可能造成的负面影响；不应该将风险错误地看作一个消极的信号，我们千万不能出现一有风险就赶紧放弃的心态，若存在这种心态，我们的一生将错过一切有价值的事情，人生的结果必将是一事无成。但同时，我们也需要规避一种错误的主观意识，那就是只看价值，不看风险，如果我们在做一件事情时，发现这件事情对我们的价值非常大，却根本不分析也不理会其对应的巨大风险——一个硬币永远是有两面的——若该风险超过了我们能承受的范围，则一旦风险发生，我们可能遭受的就是毁灭性打击。我们用一个2022年上半年发生的小例子，非常直观地呈现出这种情况。数字货币一直都是高杠杆交易的，高杠杆交易这种高风险的交易行为，必然带来高收益的高价值。近年来，整体趋势一直处于涨势的数字货币市场让所有持有数字货币的人基本上都获得了不错的高收益，如果我们只看到价值，却看不到价值背后的风险，不断地利用高杠杆加仓，我们就会损失惨重。

那么，面对风险，我们到底应该建立起一种什么样的思维方式？什么样的思维方式才是有效的呢？首先，我们要培育一种意识，即不要排斥、逃避、害怕风险。如果我们看到了风险，那就说明这件事情对我们有价值，价值是我们一直在追寻的，所以，风险的出现对我们而言是好事情，它让我们发现了价值，故我在前面提到风险是可爱的。其次，我们的主观思维不能仅被价值吸引，还要冷静地评估和分析，面对与该价值相辅相成的风险，我们是能够全部承受，还是能够部分承受，抑或是不能承受。最后，我们基于自身对风险的承受程度进行决策：如果能够全部承受，那这件事情就是我们的机会，倾巢而出、全力以赴；如果只能部分承受，那这件事情就并不是我们完全的机会，我们一方面要明确自身能够承受的风险内容所对应的具体事情范围，另一方面可以考虑引入合作伙伴来转移自身不能承受的部分风险；如果都不能承受，那这件事情并不是机会，而只是一种诱惑，我们需要果断放弃，切不可被诱惑冲昏了头脑，进而影响了自身主观思维的判断。

随后，我们再回到买马决策的小例子中，对第一家商家而言，其收益是卖马获取 8 000 元的收入，对应的风险是我们不买导致其收入为 0 元，而对第二家商家而言，其收益是卖马获取 10 000 元的收入，对应的风险是我们不买导致其亏损一个月饲料费和养马师按次数的指导费。可见，价值与风险是对等的，我们要追求更高的价值，就要能够承担更大的风险。我们再接着分析，刚才说到，绝大多数人都会选择买第二家商家的马，会主观认为风险比较小，我们进一步来看，若我们选择买第二家商家的马，我们的风险是会多支付 2 000 元，对应的价值则是我们可以规避在一个月后不想继续养马时可能带来的损失，因此，我们会在主观上形成风险比较小的认知和判断。但是，大家再深入想一想，如果我们选择了买第二家商家的马，我们会有多大的可能性在一个月后决定不继续养这匹马了呢？这种可能性应该是非常小的吧，人与动物之间是存在感情的，而感情很难用金钱衡量，我们经常看到家养的小猫或小狗跑丢了，主人出非常高的价钱寻找这只小猫或小狗，就是这个原因。第二家商家派专业的养马师教我们怎么养马，以及如何与这匹马互动与交流，这就是在精准培养我们和这匹马之间的感情，一个月的时间，已经足够帮我们与这匹马建立起较为深厚的感情了，在这种情况下，一个月后我们会放弃这匹马吗？基本上都不会放弃，如果真的出现了放弃这种情况，那往往是这一个月内出现了某种意料之外的因素所引发的小概率事件。通过分析，我们现在应该就能够明白第二家商家采用这样的博弈策略的原因。第二家商家看似为了追求更高的价值而承受了更大的风险，实际上并没有，因为其一方面看穿了我们主观思维中本来就存在的风险规避意识，能够预判出我们会选择其卖的马，其另一方面又深刻地把握了感情因素影响我们主观思维的常见心理反应，从而，其大概率地实现了对自身而言的利益的最大化。

　　以此小例子为引导，我们初步形成了一种感觉，那就是某个价格贵或不贵，其实并不是由这个价格本身决定的，而是由我们的主观意识决定的，这颠覆了习惯性将价格同成本、竞品情况等直接相关联的观点和认知。也就是说，我们主观上认为这个价格贵，那么这个价格就贵；反之，我们主观上认为这个价格不贵，那么这个价格就不贵。在博弈的过程中，可以说，意识决定了"物质"，我在这里提出的概念与唯物主义和唯心主义无关，仅是针对商业实战中这种真实心理反应的剖析。基于此，大家应该就能够明白，为什么奢侈品价格这么高，却一直有很多消费者愿意去购买的深层次原因了。如果仅从传统的成本、功能和产品价格等角度去看这些奢侈品，那必然会认为价格是很贵的，但是，这些奢侈品通过品牌策划与运作让消费者脱离了认知的传统视角，让消费者主观上感受到了其背后的故事、文化、底蕴、内涵等，这也就是一个消费者主观思维被其渐进式影响的过程，并且随着这种影响的深入,在消费者具备一定消费能力的前提下,消费者主观意识上就会认为这些奢侈品价格不贵了。逐渐地,我们通过思维层次的深入,慢慢地明朗了博弈的策略方向,即在博弈时,我们要通过策略的设计和运作,实现对对方主观思维的影响,规避对方从传统角度去理解价格,让对方在主观意识上形成价格不贵的感觉和判断,只要对方主观上认为价格不贵,那么价格就不贵。具体而言,我们应该如何落实与展开呢?这就要靠我们对价格本质的洞察与知悉。

我在对自身20多年商战实践经验进行梳理和总结后,将价格所呈现的那一串客观的数字,按主观思维对其内在关注价值点的不同,划分为绝对价格和相对价格两大类。所谓绝对价格,就是我们看到的一串客观数字本身,任何时候若我们的主观思维仅仅关注到这一串数字的话,第一反应都会觉得贵。这是因为这串数字越小,对我们而言,付出的代价就越少,我们必然希望这串数字越小越好,这时,我们对这串数字的主观意识是消极的,因此绝对价格也可以叫作消极价格。相对价格则是指我们在看到一串客观数字时,我们的主观思维更多地关注这串数字背后所提供的产品或服务对我们的价值,而价值判断必然是一个主观的过程,只要存在主观的因素,那么就能够被影响,故当我们主观认为产品或服务对我们的价值远远地高于这串数字时,我们就会主观上认为这串数字非常便宜和值得,这时我们对这串数字的主观意识是积极的,因此相对价格也可以叫作积极价格。对此,我举一个发生在我生活中的例子,来帮助大家更感性地理解与感悟,这类例子应该也会发生在大家的生活中,这是一个我与我夫人买包的真实经历。

我夫人是一位非常持家的好女人,虽然有一些脾气,但总体上是非常顾家的,也是非常体贴的,是一位难得的好老婆。她和大多数女人一样,也喜欢关注一些奢侈品的品牌故事、广告和活动等,这些奢侈品品牌的策划与运作,对她的主观思维必然会产生影响,这是很正常的一种心理现象。

当我们持续关注某种事情时，我们很难避免自己的主观思维被其影响。所以，我夫人内心对一些奢侈品品牌的产品，尤其是女包，总会有一丝向往。但是，我夫人非常理智和理性，从来不会盲目地追求这些奢侈品品牌女包，也就是说，她从不会为了买奢侈品而买，而是会有目的地选择其中几个自己非常喜欢和认同的奢侈品品牌，并有计划地逐一购买这几个品牌中自己喜欢的某些具体款式的女包，以获得自己内心世界的小小喜悦感。我将要描述的这个例子就发生在这样的真实背景下。

　　几年前，我有一个到欧洲参加会议的国际差旅安排，我需要先抵达西班牙马德里，在马德里结束第一次会议后，转飞到瑞典斯德哥尔摩参加第二次会议。由于会议被安排在白天，晚上没有工作安排，我夫人得知我的行程后非常兴奋，表示她很早就看中了一款某奢侈品品牌的女包，但很遗憾这款女包在国内没有现货，并且国内购买价格也比较高，她觉得不是很划算，此外她自己还做了一些研究，发现这款女包在欧洲的价格比国内低很多，故一直在等机会从欧洲购买。因此，她想借着我此次前往欧洲开会的机会，让我帮她把这个包给买回来。当我得知我夫人的这个想法后，我的内心是非常抗拒的，我一直认为这些奢侈品品牌的女包很贵，没有价值，因为我不曾关注过这些奢侈品品牌的故事、广告和活动等，我完全不了解这些奢侈品品牌建立的文化，对它们也完全没有兴趣。故在我的主观思维中，我从成本和功能视角来看待这些奢侈品品牌的女包，那么，我的关注点就仅仅聚焦在价格的这串数字上，在这种情况下，我必然会主观认为这些奢侈品品牌的女包非常贵，尤其该奢侈品品牌的女包更加贵，不管这款女包在欧洲比国内便宜多少钱，我都会觉得贵，这时，这款奢侈品品牌女包的价格对我而言，就是绝对价格，即消极价格。但毕竟是我最爱的夫人，在我夫人的一再要求下，我还是勉为其难地答应了，当时我就期望着在马德里和斯德哥尔摩的奢侈品品牌专卖店中没有我夫人看中的这款女包……随之，我飞抵了马德里，刚下飞机，我就收到了我夫人的问候信息以及发给我的该奢侈品品牌专卖店在马德里的地址，我感觉我是逃不掉了。我在抵达马德里的第二天，结束一整天的会议工作安排后，晚上按照我夫人给我的地址，来到了这家位于马德里市中心的该奢侈品品牌专卖店。我到店后一看，突然兴奋不已，这家店主要卖该品牌的各种饰品，没有销售该款女包，我打开手机与我夫人视频连线说道："好老婆，没有办法，和这个包没有缘分，看来这次是买不了了。"我夫人则不慌不忙地说道："老公，没关系，马德里还有一家店，你等一会啊，我待会找到发给你。"接着，我就返回了马德里的酒店，在较晚的时候，我夫人把另外一家店的地址发给了我，这个地址距离我现在住的酒店近 60 000 米距离，太远了。我在马德里共计两天的会议安排是非常满的，随后就要飞到斯德哥尔摩参加另外的会议，时间非常紧张，并且在抵达马德里的第三天，也就是会议的第二天结束后，已经很晚了，从时间上看很难赶去这个地址，我内心暗自高兴地觉得自己又躲过了，但我夫人继续很平静地对我说："老公，斯德哥尔摩也有专卖店，我这次专门研究了一下，这家店是卖包的，并且距离你住的酒店也不远，不到两千米，你可以白天忙完了，走着去。"此时，一种不祥的预感突然涌上我的心头……

　　紧接着，我转飞到了斯德哥尔摩。和我之前刚抵达马德里时类似，我刚下飞机，手机就收到了我夫人的问候信息以及发给我的该奢侈品品牌专卖店的地址，这次信息中比上次多了一条，我夫人把我从酒店到专卖店的路线图也发给我了。我看着信息，停顿了一下，回复我夫人："知道了，老婆。"这个信息在我脑海中更深刻的含义可以省略一万字……在抵达斯德哥尔摩的第二天，我在忙完一天的会议工作后，傍晚步行来到了位于斯德哥尔摩中心商圈的这家奢侈品品牌专卖店，这一次，我夫人如愿以偿了，我虽不太情愿但仍买下了这款奢侈品品牌的女包。我之所以会有这种主观的感觉，并不是因为我舍不得花钱，我在日常生活中是一个非常大方的人，只要是我主观认为值得的事情，我都是毫不保留的。但如果是我主观认为很不值的事情，我就会是另外一种完全相反的心态，对于奢侈品品牌的女包，由于我的主观思维从来没有被其品牌价值影响过，故在我的主观认知中，这就是一个包而已，只从这个包的成本和功能来看其价格，那必然会觉得不值。在我结束斯德哥尔摩的工作，即将返回上海的时候，我夫人难得非常积极主动地提出到机场来接我，此刻，大家应该懂了，除了接我以外，我夫人还有她更想接的东西，我在心里也是微微一笑。在回到家后，我夫人就开始欣赏这款女包，然后非常兴奋地对我说，这款女包的价格真是太划算、太便宜了，很明显，我夫人是从这款女包带给其内心的满足和内在气质的提升的角度来看价格的，即我夫人的主观思维是关注这个价格背后带给她的价值的，再加之这个价格确实比国内专柜低很多，且不用配货，在此情景下，我夫人在主观认知上自然就会感到这款女包带给其的价值远远高于具体价格的这串数字，故就会认为这款女包的价格很实惠，这时，这款奢侈品品牌女包的价格对我夫人而言，就是相对价格，即积极价格。在这款女包入手后的一段时间内，一旦有重要场合，我夫人就会背上这款女包，并会配好相应的服装、配饰等。当我看到我夫人装扮完成后，我确实感受到了我夫人那种由内至外散发出的开心、自信和气质，非常迷人，这一刻我终于明白这款奢侈品品牌女包的价值所在了，突然在我的主观认知中，这款女包就不贵了：在我主观思维的深处，我夫人就是我生活中的核心利益点，我夫人变得更开心、更美丽，那就满足了我内心的核心利益点，此刻，我主观思维的关注点已经转移到了这款女包带给我的价值上，我看到我夫人的状态后，对这种价值的主观判断是高于这款女包价格的，于是，我的主观思维就被影响了，进而，我主观上对这款奢侈品品牌女包价格的认知，也就从绝对价格转变为相对价格，即从消极价格变成积极价格了。

在我举的这个发生在我生活中真实例子的引导下，我们一方面应该对绝对价格和相对价格也就是消极价格和积极价格有更深刻的感性认识，对其内涵有了准确的把握，另一方面应该也能够感觉到，决定我们主观认知某个价格是绝对价格还是相对价格即消极价格还是积极价格的关键在于，对方能否准确拿捏住我们在谈判所涉及事情和事项中的痛处和核心利益点，以及对方能否通过针对我们痛处和核心利益点展开设计和策划，让我们在主观上形成我们所收获的价值高于具体价格这串数字的判断，实现对我们主观思维的影响。因此，我们可以进一步清晰博弈策略的主要内容，那就是，我们通过聚焦对方在谈判中所涉及事情和事项的痛处和核心利益点，展开产品或服务的有针对性的设计和策划，让对方在主观认知上感受到其独特性和价值，进而实现对对方主观思维的有效影响，牵引对方对当前价格的理解从绝对走向相对，从消极走向积极，有力地占据谈判主动权和主导地位，争取自身利益最大化。

最后，我选取了一个我亲身经历的完整的商业谈判案例来帮助大家更好地掌握此博弈策略在实战中的具体运用。这个案例发生在 2016 年，当时一位朋友受人所托联系我，问我能不能为高中学生做英语口语的兴趣培训，对我而言，只要项目有钱可赚，合法合规，那必然都是可以的。于是，在我这位朋友的牵线下，上海某区的一所高中领导与我取得了联系，并约定了一个具体时间，让我前往该高中洽谈，在此背景下，这个案例就正式展开了。

我抵达该高中后，该高中的领导热情地接待了我，先带着我围着该高中转了一大圈，向我详细地介绍了这所高中的具体情况，经过了这些前期的寒暄过程，然后，我们一起走到会议室面对面就座，此时，谈判才真正拉开了帷幕。在正式对话刚开场，对方就向我表示："感谢吴老师的到来，我们非常欢迎。我们现在想针对高年级班级进行英语口语的兴趣培训，以增强同学们学习英语的兴趣，请吴老师帮忙啊。吴老师，您看看，做这样的培训，大概需要多少钱？"这番言论让我立马就感觉到了对方的着急情绪，大家知道为什么吗？我在前面提到过，在谈判实战中，双方往往在就谈判中所涉及事情和事项的具体内容无异议，并初步达成共识后，才会开始进行合作价格的交涉与博弈，如果对方太早地关注合作价格，这个信号反映出的是对方在心理层面和主观思维上对我们的认可，并非常希望能够尽快建立起合作关系。我在谈判中，对对方这种主观情绪的波动是非常敏感的，当我察觉和捕捉到对方的着急情绪后，我立马就会变得一点都不着急，内心非常平静，这样我才会让对方更加着急，在这种情形下，才有可能让对方冲动，进而影响对方的主观思维，那么在谈判后续的进程中，就能够有效实现我对整个谈判主动权和主导地位的牢固把握。正因如此，我回应道："我觉得现在聊这个培训需要多少钱还是太早了，我认为现在我们交流的重点应该是确定我们开展这个培训的目的是什么，期望通过这个培训达到什么效果，然后，才能够基于这个导向，我来设计好方案，后面才能够清楚大概的价格范围啊，您说呢？"他沉默了一下，这种沉默在实质上反映出的就是他对我观点的认可，而当对方已经开始认同我所表达言论的时候，就说明对方的主观思维已经被我影响了，这将非常有利于我牵引其主观思维进一步朝着我期望的方向前进。接着，对方继续说道："吴老师，您说的也对，其实我们想开展这个培训的目的很简单，就是希望提升高年级学生学习英语的兴趣，培养学生主动学习的意识，提高升学率。"随后，在本次对话后面的交流中，我主要着眼于高年级学生的英语水平现状和问题了解了一些细节，为我后续的培训方案设计做准备，我没有再主动将双方的对话引到合作价格上。在本次对话结束后，对方送我上车时，说道："吴老师，您看看能不能尽快把培训方案和报价给我。"这个信息进一步帮我确认了对方的着急状态，故我表示："我觉得没这么着急，我先回去好好研究一下高年级学生的状况，再做方案，不着急不着急啊。"很明显，我希望让对方更加着急……

我在开车返回的路上，一直在想，对方的痛处和核心利益点到底是什么呢？如果我不能找到并拿捏准对方真正的需求，那么我就很难争取自身利益最大化。这时，大家可能会说，对方的痛处和核心利益点不是很清晰吗？对方不是已经说到培训是为了提升学生学习英语的兴趣，提高升学率吗？如果大家是这样想的，那么我只能很遗憾地告知大家，这说明大家思维的深度还不够。在谈判桌上，对方往往会告诉我们一些与当前谈判所涉及事情和事项相关的信息，但对方绝不可能把所有完整的信息都主动分享给我们，因为在谈判中，我们和对方是存在利益冲突的，我们的利益多一点，对方的利益就会少一点，故对方怎么可能将自己真正的痛处和核心利益点如此简单地、主动地对我们全盘托出呢？大家再想一想，对方提到的提升学生学习英语兴趣和提高升学率的需求，在过去就存在，未来也会一直存在，那么，对方希望开展的这个培训项目为什么不在过去，也不在未来，而偏偏是在当下呢？肯定是当前存在某种事件或某种目的驱动了对方需要做这样的一个培训项目，我们只有找到了隐藏在对方主观思维深处的真正需求和动机，我们才能够掌控整个谈判。因此，我从对方的角度，进行了更深层次的换位思考：如果我是这所高中的领导，在什么情况下，我才会这么着急地要开展这样的培训？这个问题在我脑海中反复地运转……慢慢地，一个思考的方向逐步清晰了，即作为一所高中的领导，大家想想，最大的驱动力往往会来自哪里呢？在合法合规的前提下，最大的驱动力可能是他发现了某种升迁的机会或可能吧，所以，他才在当前急需做出自己的成绩，这样才能去争取这种机会或可能。

在此思路的引导下，我进一步对对方展开分析，最后，收集各种资料并找到了突破口，故我初步判断，该高中领导当前如此着急地要开展学生英语口语兴趣培训的真正需求和动机可能是为了在该区的大比武和特色评选中脱颖而出，使其能够获得上级领导的关注，这应该才是对方的痛处和核心利益点。基于此，我就更加不着急和对方谈判了，如果对方想做出成绩，就只能与我所在的上海外国语大学（以下简称"上外"）合作展开学生的英语口语培训，没有第二选择，因为在英语学习领域上外是非常厉害的，我不仅非常确定这个项目是我的，我还能够尽可能地争取到自身更大的利益。这一方面是由于对方不认识其他在上外具有项目经验的老师，其通过我的朋友才接触到我，另一方面是由于在这个项目上，上外具有不可替代性。在谈判后续的进程中，因为我找到并拿捏准了对方的痛处和核心利益点，所以我必然会占据谈判的主动权和主导地位。随后，我根据对该高中高年级学生英语水平现状和问题的了解与分析，设计了一份层次感较强、逐步进阶并具有针对性的英语口语兴趣培训课程体系方案，在方案中，我确定了一个较高的报价，这个报价远高于社会上的各种培训机构。在这里，我们可以再思考一个问题，那就是英语培训本身所处的市场环境是一种完全竞争的环境，相关信息是相对透明和对称的，在这种状态下，我为什么还敢报出一个高价呢？那就是由于我对对方痛处和核心利益点的准确把握，我形成了对自身所具备的不可替代性的有效认知，并能够通过进一步的策略设计充分发挥这种不可替代性对对方主观思维的影响力。这些必将有力地支撑我争取到自身最大化利益。

方案设计完后，我并没有着急发给对方，而是策略性地希望使对方的主观情绪变得更着急一点，扰乱对方的心理和主观思维，以打造对我更加有利的谈判局面。于是，直到对方第三次催促我提供培训方案时，我从对方的情绪中感觉到火候已经差不多了，事不过三，才和对方约定时间，前往该高中继续展开谈判，随之，进入了这次谈判最重要的博弈过程中。对方在看完我的培训方案后，说道："这个价格太贵了吧，比很多社会培训机构都要贵啊，我们本来觉得和大学合作，价格会便宜很多啊，这个价格很难做。"此刻，对方的主观思维仅关注到价格这串数字本身，对对方而言，很明显，当前的价格是一个绝对价格，是消极的。我早已预判到这种情况的出现，但由于我已经分析出了对方的痛处和核心利益点，所以我压根就不着急，我接着就开始引导对方的主观思维并将其关注点从价格这串数字转移到我所提供的培训服务带给其的价值上，逐渐改变其主观认知和判断。

故我向对方表示:"一个有效的合作,我觉得更为重要的是看这个合作的内容和意义,看看这个合作到底解决了什么问题,带来了什么价值,而不是把过多的注意力放在合作的价格上,可以说,合作价格是整个合作中最不重要的。您想一想,如果我们的合作是以价格为导向的,那还不容易吗?这太简单了,我随便找一个英语专业八级的大学生为学生们培训不就好了,英语专业八级的大学生在我们上外到处都是,但如果真这样,您觉得合适吗?这就是纯粹的应付,后面的结果肯定是糟糕的,既投入了资源,又消耗了精力,还出不了成绩。我想您这么重视这个英语培训项目,您肯定不是为了应付吧,既然不是为了应付,那么我们肯定一致地希望能够把这个事情做好、做专业、做得有影响力,甚至做出品牌,在这种情况下,我们重点关注的就必然不是合作价格,而应该是我们合作的内容、价值和意义。这个价格可以放在一边,我们具体来看,首先,这个培训方案是一套完全基于当前学生英语水平现状和问题的定制化方案,量身定制,并嵌入了上外独特的进阶立体式教学体系,配备的也是上外最好的精通中文和中华文化的资深外教,这样的教学体系再配上这种类型的外教,学生从培训中的受益就是'1+1 远远 >2'的效果,深入浅出、循循善诱、层层递进,不仅着眼于学生们培训后的实际收获,而且着眼于激发学生们的思维活力和学习兴趣,使学生们未来愿意更加努力地学习英语并享受学习的过程,这是上外在英语学习领域的专业优势,这种优势是具有引领性的,这是任何社会培训机构都不可比拟的,也是无法超越的,您想想看,这种价值对学生们有多大,对学校有多大,这是其他机构能够比的吗?其次,在我个人的印象和经历中,上外好像还没有和高中合作开展过英语培训的项目,那您再想想,我们的这次合作,对于您所在的高中而言是不是一次非常难得的品牌建设机会,如果您主动传播出去,您与上外在学生英语培训方面建立了合作,那将会产生怎样的社会效应呢?对学生们的家长而言,家长们必然会感觉到在这里读高中是非常值得的,因为自己的孩子在读高中的时候就已经接受了上外的教育内容和培养过程，那么，绝对会有很多家长向身边的人去讲学校的好，这些正面信息的传播必然会让学校形成一个好的口碑，这对学校是非常好的吧。对即将中考的学生家长们而言，如果他们看到了学校对学生们的用心，这份心意必然会影响他们对自己孩子高中择校的主观决策，如果有更多优秀的孩子，尤其是很多原本准备去一些好的民办学校的孩子都到您这里来，学校不就有更多的生源选择了吗？优质的生源才是升学率的重要基础啊。同时，对其他高中而言，咱们学校必然会因为这个合作受到它们的密切关注，上外在英语学习领域的影响力是非常大的，太强了，您和上外合作，这种信息传播到它们那里，您觉得对咱们学校是好事，还是坏事？这个答案应该很明显吧。这些都是我们合作的意义和价值，您仔细想想看，是不是？此外，我为了更好地保障我们的合作带给您的意义和价值，我甚至可以为您在我们的合作协议中补充一条我们之间独家合作的条款，也就是说，以后在我这里，如果和高中开展英语培训的合作，那我就只和您合作，不会和其他高中合作，我们之间的合作是排他性的，这个对您的意义和价值应该足够大了吧。这样的话，您就永远都不用担心当前的合作模式会被其他高中效仿，咱们学校在这个方面能够始终独树一帜，形成在业界的强大影响力。最后，在我们合作开展的过程中，运作也很重要，我来支持您。第一，在培训的不同阶段，我们出一些新闻稿，将培训的主要内容、特色、学生们的反馈和受益等，通过主流媒体曝光和宣传，营造社会舆论；第二，每一次培训您都邀请其他高中的校领导、教务主任、英语老师等免费过来旁听、观摩，您想想看，您与上外合作英语培训，免费向他们开放，让他们学习，这种机会难得，他们大概率会积极主动参加的，通过这个过程营造对同行业界的影响力；第三，从我们正式建立培训合作开始，到整个培训合作的结束，您可以有节奏地将阶段目标、阶段意义、阶段成效、阶段综合效应等形成报告向上级领导主动汇报。在这些事情全部做完后，您想想看，学校大概率会声名鹊起吧，不仅学校会被重点关注，您也必然会被重点关注啊，都会脱颖而出，那后面无论是学校，还是您个人，会遇到哪些新的机会，会产生哪些新的可能，我想不用我说了吧，这才是您和上外合作的真正价值和意义啊。您现在想明白了吗？我们只是要做一个英语培训项目吗？不是的，这个培训项目只是一个切入点，我们最终要打造一个品牌，完成一个影响力建设的系统工程，实现一次学校及个人的华丽蜕变。我们的这种合作除了内容本身带来的巨大价值和意义外，其附加价值和意义则更加深远。您此刻还认为我们合作的这个价格重要吗？"

很多非常敏感的事情，尤其是涉及对方的痛处和核心利益点的事情，不能直接简单粗暴地说出来，这样可能会驳对方颜面，让对方想干又不敢干或不好意思干，显然这对我们是不利的，我们需要对方按照我们的意愿来展开合作，故我们只能潜在拿捏，句句点到或触及对方的痛处和核心利益点，却又不说破。可见，当谈判进入这个阶段，大家应该就已经能够判断出谈判的结果了，对方最终按照我在培训方案中的高报价建立了合作关系。在后续的合作实施中，按照我的运作思路，该英语口语兴趣培训项目也确实帮助对方形成了非常好的多方位影响，在这一年合作结束后，由于效果太好，对方主动联系我在第二年又进行了第二次合作，具体合作内容、合作模式、合作价格等都是一样的。我的收益也远远超过了我的预期，经过连续两年的合作，这位领导也确实获得了个人的升迁，我们合作核心利益的双赢已实现。

从这个真实的谈判案例中，我们可以分析并体会到，我在博弈中，通过聚焦于对方的痛处和核心利益点，设计、策划与运作，实现了对对方主观思维的影响，牵引并改变了对方对当前价格判断的主观认知，让对方在主观上将当前价格从绝对价格转化为相对价格，相对应地对方对当前价格的主观理解也就从消极转变为积极，使我获得了整个谈判的主动权和主导地位，进而达到了自身利益最大化的目标。这也就是我们通过洞悉价格的本质，在深度认识与有效把握绝对价格和相对价格、消极价格和积极价格概念后，在博弈中必须要确立的策略方向。

驾驭价格策略

当我们洞悉了价格本质后，我们就明确了在博弈过程中要聚焦自身主观思维，进而确定并建立博弈的正确策略方向，以此为指引形成我们在博弈中的有利地位，从而最终占据谈判的主动权和主导地位。但是，在真实的商务实战场景中，存在多种具体价格策略，因此，我们除了把握使对方主观上将绝对价格转变为相对价格，即使其对价格的主观理解从消极转变为积极的策略方向外，还需要进一步深刻认知与驾驭这些价格策略，这样才能更有效地在博弈中灵活运用各种实战技巧，从而通过博弈实现最大化自身利益。那么，这些价格策略都是什么呢？我从自身20多年商战经验出发，对自身经历过的各种实际案例场景进行复盘和总结后，将价格博弈中可能遭遇的主要价格策略梳理为迷惑策略、投石问路策略、吹毛求疵策略、价格陷阱策略、目标分解策略、步步为营策略、车轮战策略等七种类型。

其一，迷惑策略。迷惑策略是指在谈判过程中，我们从对方主动传递的信息中，发现了某种和谈判所涉及事情和事项相关的重要信息，于是，我们主观上觉得对方在谈判中出现了重大失误，进而，对对方所传递的这个重要信息如获至宝。在这种情况下，我们的主观思维可能就会被此信息影响，那么后续我们的主观判断和谈判策略方向也可能就会随之进行调整。大家想一想，这种情况真的那么容易出现吗？除非我们真的遇到了非常缺乏经验和技巧的谈判对手，否则，对方很难在争取利益的谈判过程中，出现所谓的重大失误。那么，当我们在谈判中遇到这种情况时，极有可能是对方有意为之的，仅仅是对方采取的一种策略而已，其目的就是迷惑我们，干扰我们在谈判中的策略选择和方向。我举一个在谈判场景中合理化假设的小例子，来帮助大家进行感性的理解。例如，我们是一家工程服务劳务外包的供应商，我们在了解到某甲方单位正在招标的某工程劳务外包项目后，积极准备并投标。经过第一轮竞标，我们很幸运地获得了第二轮与甲方面谈议标的机会，在此背景下，我们来到了谈判现场。到现场后，我们发现受邀参加议标的共有三家单位，每家单位具体面谈时间是1小时，我们排在第二位，原定面谈时间是上午10：30—11：30，但我们在候场的过程中发现，第一家单位进去后，到10：30还没有结束和甲方的商谈，一直到11：15才结束面谈，从谈判室出来。大家可以在脑海中通过形成画面来思考一下，这个情景对我们会不会产生影响？应该会有比较大的影响吧。因为在正常情况下，只要我们珍惜这个商务机会，我们在外候场时就会存在一丝紧张的情绪，这是很正常的心理现象，而且这种紧张情绪还会随着候场时间的延长而不断加强，故当我们看到第一家单位到了规定时间还没有结束商谈时，一种正常的心理状况是，我们主观上认为第一家单位和对方交流得很愉快，担心对方已经形成了初步的判断和结论，自己没有机会了……这种焦急情绪的出现，必然会深深地影响我们的心理状态和主观思维，这对我们在谈判中掌控局面肯定是不利的。这个时候，我们在这个例子中，再继续假设一个合理化场景，当第一家单位结束面谈后，甲方出来和我们说："由于第一家谈的时间比较长，超时了很多，现在快到中午了，大家先吃饭吧，下午两点再继续商谈。"在此情景下，很明显，我们这顿中午饭肯定是吃不好的，时间越往后延，我们就会越焦急，在这种状态下，我们进入正式谈判现场时，基本上就会处于非常被动的局面了。我在前面内容中与大家分享过，在谈判中，越急的那一方会越被动，所以，我在谈判实战中总是会试图找到对方的痛处和核心利益点，把对方弄着急，一旦我看到了对方的着急，我就会不着急了，因为我已经看穿和拿捏住了对方，所以我会不紧不慢，这往往会让对方越来越着急，这种情况有利于我主导整个谈判的进程。

我们接着再回到这个合理化假设的例子中，时间到了下午两点，我们正式坐在谈判桌前，我们自身焦急的情绪直接使我们在谈判现场气场较弱，这也将导致我们的主观思维相对容易被对方影响。如果在这个时候，对方突然说道："不好意思，我临时想起了一个重要事情，要出去打个电话，麻烦你们等我几分钟。"在对方离开会谈室后，我们看到对方的座位前放了一些文件和材料，于是，我们本能地略微站起，试图看看对方的这些文件和材料有什么内容，以帮助我们更好地分析对方的痛处和核心利益点。好巧不巧，我们居然看到了第一家单位对这个工程项目劳务外包的报价单，面对如此重要的信息，我们大概率会感到非常兴奋，在这种状况下，我们对这个项目的报价会高于看到的这个价格吗？应该不会吧。在谈判开始前，我们就已经处于一种焦虑的状态了，甚至都可能已经主观地初步认为对方基本确定了与第一家单位合作，故这个时候对于我们发现的和第一家单位相关的任何商务信息，我们的主观思维必然都会非常敏感，在这种情况下，我们的主观思维是很容易被对方影响和牵引的，而第一家单位的报价单可以说是一个本次谈判中最为核心的秘密级的商务信息，从而，这个信息对我们主观思维的影响必然是非常深远的。但是，大家再仔细想一想，对方真的会在谈判中出现这么大的低级失误吗？对方会不会就是故意给我们看的呢？对方会不会就是故意用策略让我们先着急、冲动，然后再故意主动透露一个看似非常具有商业价值的信息给我们，来影响我们的主观思维和决策呢？在经过这些思考后，我想，大家应该就能够明白什么是迷惑策略了。

在谈判实战的攻防中，迷惑策略给予我们重要的启示和应对方案。一方面，当我们处于进攻态势时，我们可以使用迷惑策略来影响对方的主观思维和判断，即在谈判中，我们故意将某种经过设计和策划的看似具有重要价值的信息主动透露给对方，以此来混淆对方视线，打乱对方节奏，牵引对方方向，从而获取谈判的优势局面，以便我们能够以更好的心理状态观察对方的反应与状况，以此乘胜追击、持续施压，占据谈判主动权和主导地位。另一方面，当我们处于防守态势时，一旦我们发现对方在谈判中看似无意地传递了某种重要的商务信息，此刻，我们一定要在脑海中清醒地明白这大概率是对方采取的策略，我们必须通过自我心理暗示，使我们自己的主观思维始终保持冷静和理智，不要轻信该信息的内容，避免我们的主观决策和策略方向被影响，我们应该针对对方主动暴露的该信息进行更多细节提问，在获得更多相关信息的前提下准确判断该信息内容的真实性，同时也要继续保持我们在谈判准备中的计划和节奏，推进谈判的进程。

其二，投石问路策略。投石问路策略是指在对谈判所涉及事情和事项展开相互博弈时，我们通过提出一个既超越了当前谈判涉及的事情和事项，又具有一定相关性的假设条件，来试探对方的反应，进而以获取对方更多有价值的商务信息为目的，试图触碰和认知对方谈判的底线范围。那么，我们应该怎么理解呢？我随机举一个生活中的小例子，这个小例子应该能够很容易地说明这种策略。例如，我家里有一张床，由于使用的时间太长了，我希望更换掉，于是，我来到家具市场寻找合适和喜欢的新床。在逛了几个商家后，我发现并锁定了一张让我感觉非常不错的床，并以这张床的交易为谈判内容展开了与商家的商谈。这张床在设计上有明显的独特性，这使其具备了一种相对稀缺性，对方也深知这一点，故对方一直用这种相对稀缺性形成的差异做文章，在价格方面非常坚持、不让步，这时，眼看谈判可能进入僵局。为了避免这种情况的出现，我突然话锋一转，将对方对这张床价格的关注转移到他可能获得更多利益的其他方面，我说道："老板，您这张床还有比较好的配套衣柜和梳妆台吗？我现在需要换整套家具，不仅要买床，还要买衣柜和梳妆台等很多东西，您看看有没有合适的推荐？一起向我介绍吧。"这个看似简单的问题，其实包括很多内容。我们来分析一下，首先，我提出这个问题的目的是转移对方的注意力，那么，我必然看到了或能够判断出对方店里面确实出售其他相关家具，一家卖床的家具店往往不会只有床在出售，基本上还会有其他家具在出售，故我这个问题的提出很可能让对方产生卖更多家具给我并获取更大利益的主观预期，这种预期的出现为我影响对方的主观思维创造了机会。其次，我提出的这个问题是一个典型的既超越了当前买床的谈判事项，又和买床的谈判事项相关的假设条件，只有这样提问才能够影响对方的主观思维。这个道理很简单，如果我们提出问题中设置的假设条件没有超越当前谈判涉及的事情和事项，那么我们就很难通过这个问题，获取对方更多有价值的信息；同时，如果我们提出问题中设置的假设条件与谈判涉及的事情和事项没有相关性，则难以引导对方形成获得更多利益的主观预期，因为对方可能压根儿就提供不了我们在假设条件中提到的产品或服务，那对方的主观思维也就根本不会被我们影响和牵引，这种情况在上面这个小例子中，就类似于我问对方"老板，我除了买床，还需要买冰箱，您看看有没有合适的推荐？"等这种没有价值和意义的问题。

我们继续再回到这个小例子中，面对刚才我提出的这种问题，对方大概率会心花怒放，这个问题有极大的可能性会引导对方的主观思维，让对方形成他可能卖更多家具给我的主观判断。这个时候，对方应该就会开始推荐其他相应的产品给我，我在看似认真地了解完对方所推荐的配套衣柜和梳妆台等的情况后，我表示："老板，这些家具都很不错啊，我都喜欢，如果全部一起买下来，应该可以打个折吧，如果价格合适，我可能就全部一起买了。"在这种情景下，对方大概率会给出一定价格优惠。这个时候，在对方的主观思维中，他更多会从整体利益的角度而不会从具体单件产品利益的角度去考虑当下的局面，这是一种正常的心理反应。因此，如果对方说"一起买的话，可以打个9折"，那么我们就达到了自己的目的，即我们通过这个假设条件的提问，根据获悉的整体性信息，能够主观初步地判断出对方单件产品价格的底线范围可能就处于9折的价格折扣区间。紧接着，我再将话锋回转到我真正需要的买床这个具体谈判事项上，我说道：

"老板，我确实要买整套家具，但我刚才又仔细想了一下，我觉得还是分开买会好一点，因为家里的家具还没有全部处理掉，我每处理一件就买一件，这样我轻松一些，压力也小一点。反正您刚推荐的这套家具我是全看中了，后面肯定要分批换，我这次就先把床买了，把床先换好。刚才您也说了，打9折，我也很有诚意买，那就先把这个床按9折买了吧，下次我再过来换配套的衣柜和梳妆台。"大家想一想，对方已经说出的"打9折"还能够收回去吗？以上就是投石问路策略。

可以说，在谈判的博弈中，我们可以充分运用投石问路策略去影响对方的心理和主观思维，进而触碰和试探对方对当前谈判涉及事情和事项的价格底线，实现自身利益最大化。同时，当对方试图用投石问路策略影响我们时，我们一定要将对方提出的假设条件与当前聚焦的谈判内容分开，并保持内心的平静和主观思维的理性，不要进入对方提出假设条件的话语体系中，始终聚焦于当前清晰明确的谈判内容，让对方在我们自己的话语体系中对话。那么，我们具体应该如何操作呢？很简单，我们再回到刚才提到的买床的这个小例子中，如果我是卖床的老板，当对方提出假设条件问我买整套家具是否有优惠时，我就会回复道："整套家具是否有优惠并不是当前我们聊的重点啊，即使有优惠也和这个床没有关系，当前我们还是主要聊这个床吧，这个床的价格是确定的，没有优惠和折扣的，但如果您买了这个床，您就自动成为我们的会员，就是我们的老客户了，这样下次您再买您刚说起整套家具中的其他家具时，一些家具就会有一些优惠，这个下次您要买时再具体聊啊。"通过这种方式，我们有效地应对了对方对我们采取的投石问路策略，既没有进入对方假设条件的话语体系中，又将对方拉入并聚焦到当前交易本身，还引导对方形成了未来继续购买我们产品会存在优惠的预期，可谓"一石三鸟"。

其三，吹毛求疵策略。吹毛求疵策略是指在谈判过程中，作为谈判对手的对方不断地挑我们提供产品或服务的毛病，说我们"这也不是，那也不行"等，进而，以这种非常具有压迫感的方式，实现对我们心理和主观思维的影响，让我们在谈判中处于一种被动的局面。我们举一个生活中的小例子来具体感受一下这种策略。比如我去买冰箱，我在挑选了一些冰箱后，逐渐锁定了一款我比较喜欢的冰箱，然后，我针对这款冰箱和销售人员展开了商谈。我问道："我看了半天，就这款冰箱看上去还马马虎虎，这款冰箱具体容量是多少啊？"对方回道："大概200升。"我接着说："这么小，这装不下多少东西啊，容量太小了。"我再问："这款冰箱有哪几个颜色啊？"对方回道："有白色、红色和蓝色？"我接着说："啊，就这三个颜色吗？我都不喜欢，我就想买金色的，哎哟，你这款冰箱颜色也不行。"我继续问："这款冰箱的能耗是多少啊？"对方回道："一天接近2度电吧。"我接着说："这也太高了，这么费电。"后续，我持续不断地向对方表示"这款冰箱里面结构设计也不好""这款冰箱保修时间也太短了"等这类找茬的问题……我这么做的目的就是在谈判现场通过一种咄咄逼人的姿态，让对方出现心理压力，并影响对方的主观思维，争取对方做出让步。这就是吹毛求疵策略，这种策略为什么会对我们产生影响呢？那就是因为这种策略抓住了可能在我们每个人身上都存在的一种心理状况，即当我们处于一种持续被攻击或被否定的情景下时，我们的内心大多会经历从充满自信的"相信自己"到"不知所措"再到"慌张彷徨"最后到充满沮丧的"怀疑自己"，伴随这个心路历程，我们在谈判现场的气场就会越来越弱，自己的感觉就会越来越卑微，自身的存在感就会越来越小，最后的结果也就毫无悬念地尽在谈判对手的掌控之中了。

在谈判中，一方面我们可以充分利用吹毛求疵策略争取并占据谈判的主动权和主导地位，另一方面，当对方对我们采取这种策略时，我们要能够做到波澜不惊、冷静应对。如何才能做到呢？要解答这个问题，我们就需要想明白一个客观的事实，那就是，如果我们提供的产品或服务真的这么糟糕，在对方的眼里真的有这么多问题，那么对方为什么还要花费时间和我们谈呢？对方耗费的时间和精力都是资源，对方为什么会在我们这么差的产品或服务上浪费这些资源呢？对方为什么不去找他们觉得好的产品或服务呢？当这三个问题想明白后，我们的答案也就出来了，即我们提供的产品或服务就是对方想要的，对方之所以做出这样吹毛求疵的姿态，实质上是一种伪装和策略而已。那么，我们的具体应对技巧也就很简单了，既然对方要伪装，在向我们表演，那我们就好好当观众，看对方表演就好，不要加入对方表演的过程。换句话说，听着对方说就好，对方说的话我们左耳进右耳出，切不可入心。我们可以用两句话来有效应对：第一句话是"您有哪些问题？我建议您可以一次性都说完，我们记录好，等您说完后，我们再继续交流"，当对方把能够想到和用到的各种挑剔的词语都说完后，当对方把对我们提供的产品或服务各个方面能够找到的茬都找完后，我们只需要微微一笑，直接忽略掉它们；第二句话是"您刚才说的这些，我们都记录下来了，我们后面会仔细研究，非常感谢您的建议，现在我们再回到这次交流和商谈的具体内容上吧"，我们非常心平气和，千万不能被对方具有攻击性的吹毛求疵行为给带偏了。一定要记住，既然对方想表演，我们就让对方表演，我们是观众，不能被对方带入角色成为演员。

其四，价格陷阱策略。价格陷阱策略是指在谈判的博弈中，对方通过策略性地引导我们的主观思维，让我们在谈判所涉及事情和事项的价格上，形成在不利的、不确定性的波动中的主观预期，进而实现对我们的影响，牵引我们认为当前的价格就是最优的价格，并使我们在不知不觉中非常被动地按照对方的意愿建立合作关系。应该说，价格陷阱策略是比较好理解的，这种策略很常见。例如，当房地产中介遇到我们时，如果我们正在考虑出售房产，对方往往就会对我们说："现在赶紧把房子卖了，现在的市场环境还可以，房价还不错，再过一段时间可能就不行了，因为我听说后面还要调控房地产市场，所以后面房价肯定是跌的，如果有房子想卖赶紧现在就卖了，别错过机会了。"如果我们正在考虑是否买房，那么对方往往就会反过来对我们说:"现在别犹豫啊,赶紧买,现在房价涨得厉害,按照这个趋势看,后面估计会涨得更厉害,稍微犹豫一下,错过现在这个最好的时机,以后肯定肠子都悔青,这种情况我看到太多了,赶紧买。"这就是一个典型的运用价格陷阱策略的小例子,正反两方面都适用,能够有效帮助我们感性地认知价格陷阱策略。在这个小例子中,当我们是卖房的一方时,对方引导我们认为未来房价会下跌,房价下跌必然对我们不利,于是驱动我们形成应该赶紧卖掉房子的主观判断;反之,当我们是买房的一方时,对方则引导我们认为未来房价会上涨,房价上涨必然对我们不利,于是驱动我们形成要赶紧买好房子的主观判断。无论我们存在卖房的需求,还是买房的需求,对方都会策略性地从心理和主观思维层面推动我们当下尽快签约,达成交易,只要达成了交易,对方作为房地产中介就会获得收益,实现其自身利益。

那么,我们应该如何具体运用和应对价格陷阱策略呢?一方面,当我们在谈判中处于进攻态势时,我们可以充分运用价格陷阱策略去影响对方,以便获取和占据谈判的主动权和主导地位。在此,需要重点明确的一个关键点是,若要让价格陷阱策略产生更好的效果,我们就一定要注意,当我们引导对方形成价格未来可能会朝对其不利的方向波动时,我们的理由和观点务必有合理化依据和支撑,只有这样,才能够让对方信服,才能够真正地影响对方,不能够信口开河。例如,我们是一家专注于生产汽车零部件的供应商,当我们与对方(某整车厂商)谈判时,我们希望对方按照我们期望的汽车零部件价格达成交易,故在运用价格陷阱策略时,最有效的方式并不是说"现在原材料价格都涨得厉害,后面肯定还要涨,我们生产的零部件马上也要涨价,后面价格会更高",而是说到"现在原材料价格都涨得厉害。你仔细看看当前国内外的经济环境和形势,各国基本上都采取量化宽松的经济刺激政策,各国央行货币超发,通货膨胀。可以非常清晰地判断出,这种趋势未来难以扭转。受去产能的影响,原材料产能不足,供需缺口加大，供给冲击也导致价格持续上涨。环保政策持续加强和市场供应整体偏紧的预期，必然将拉动原材料价格未来进一步上涨。这样下去，我们生产的零部件不仅马上要涨价，而且还会持续涨价，这个道理不用我解释，你应该也能明白，后面价格可能都会高到我们不敢想象"。在此情景下，我们的理由和观点有了强有力的依据和支撑，对对方的影响就必然是非常深刻的。

另一方面，当我们在谈判中处于防守态势时，面对对方的价格陷阱策略，我们的应对方式其实也很简单。第一步，非常敏感地察觉到对方正在使用价格陷阱策略；第二步，通过心理暗示告诉自己"对方讲这么多，只是一种策略性设计，就是为了造成我的心理波动，影响我的主观思维，扰乱我的理性情绪，所以，我不能上当"，我们时刻使自己保持平静和理智；第三步，既然对方想说，那就让对方说，我们听听就好，不必当真，听完就忽略掉；第四步，未来到底会如何，任何分析都仅仅是一种可能，未来的一分一秒都存在不可预料的不确定性因素，未来真实的情况任何人都不会知道，因此，我们不关注未来，我们只关注和聚焦当前谈判中的利益得失，我们致力于争取当前谈判所涉及事情和事项中的自身利益最大化。

其五，目标分解策略。目标分解策略是指在谈判双方对价格难以达成共识、各执一词，谈判局面可能陷入僵局的时候，对方突然让我们将当前报价进行分拆，即我们原本的报价是我们所提供一揽子产品或服务的总报价，现在对方让我们将一揽子产品或服务分解为一个个具体的子模块，对应着每个具体的子模块，总报价也就分解为一个个具体的对应价格。经过这个过程，对方如果发现了我们所提供一揽子产品或服务中的某些子模块存在一些可商榷的地方，就会在这些子模块上与我们展开进一步博弈，如果我们对此没有做好准备工作，有能够预期这种情况的出现，那我们就极有可能在谈判现场逐渐处于一种被动的局面，被对方影响和牵引。对此，我举一个发生在生活中的例子，以加深大家对目标分解策略深刻内涵的理解和把握。假如我刚买了一套二手房,准备将房子拆旧后重新装修,基于此,我在市面上邀约了三家具备一定品牌影响力的装修公司,在我分别向它们描述了我对房子功能布局、整体风格、科技要求等相关的设想后,这三家公司分别提供了初步方案。我通过对各方案的评估,筛选和锁定了其中一家,紧接着,我让这家公司进行更加具体的方案设计和报价。当我看到这家公司的方案后,我觉得对方整体装修报价150万元的价格太高了,于是和对方展开了价格的博弈,可是对方在价格方面迟迟不肯让步,僵持不下。在这种情况下,我说道:"我就真的没搞明白,你的这个价格这么高,到底是怎么来的,你还这么有底气觉得报价不贵,我搞不懂了。你如果觉得你的报价真的不贵,那你好好给我说说,方案里每块内容对应多少钱,让我好好了解一下。如果我觉得真的不贵,那就依你的,我们讲道理。"这时,对方根据我的要求,将其方案中各块内容进行分解。正常情况下,对方往往会这样回应:"吴总,您看看啊,我好好给您算算,您的整个房子需要先拆旧再装修,这个里面包括了两个大块,第一块是拆旧,拆旧主要是人工成本,现在人工成本太高了,如果想提高拆旧效率,更干净和彻底地拆旧,那我们就要用好一点的、经验比较丰富的工人,那拆旧价格基本上都在每平方米500元左右,这里面还不包括您想要拆墙体的费用和运垃圾的费用,我这些都没有与您细算了,我直接就按照500元每平方米来算的,您的房子总共200平方米,那这个费用就是10万元。第二块才是新装修的费用,这里面主要包括了设计费、主材费、辅材费、人工费和一些杂费。我们具体来看,因为您对品质的要求高,所以,我现在给您安排的是我们公司最好的王牌设计师,设计费是每平方米1 500元,这个费用就是30万元。然后,关于主材的选择,柚木实木地板、进口墙砖、整体橱柜、进口洁具、进口龙头花洒等,我都是按照一线大品牌来配置的,整个成本实实在在,根据我们对房子面积和空间的测量,这个费用就要60万元。辅材的选择,水泥、防水材料、板材、龙骨等,这些看不见的地方,我为了您未来能一直住得舒适,也都用了质量非常好的主流产品,估计一下最起码也要 20 万元左右。除此之外,人工费也是实打实的,专业性更强、经验更多的老师傅就是比一般的师傅贵,但出来的活好啊,您对装修的要求又高,我不敢给您安排年轻的师傅啊,都安排给老师傅,按照市场行情,这部分至少 25 万元。最后,一些杂七杂八但又是很必要的杂费,算 5 万元吧……您看看,现在这个报价 150 万元都是实价啊,您叫我怎么便宜,没法便宜,都是很实在的报价。"我想现在大家应该就能够更好地明白和认知什么是目标分解策略了。在这个例子中,我通过使用目标分解策略,找到了当前谈判涉及事情和事项的突破口,让对方露出了破绽,从而明确了我后续和对方展开进一步交锋的主攻方向,即我必然不会在主材费和辅材费两个子模块上与对方展开进一步博弈,因为这涉及装修的直接质量水平,我很明显会在拆旧、设计费、人工费和杂费四个子模块上同对方展开拉锯战,给对方施加压力和影响,因为这几个子模块的费用并没有市场化的具体标准,都存在较大的空间弹性。我可以很容易地用手机搜索相关信息,然后再用这些信息使对方无法解释,进而使对方心理和主观思维出现波动,在这种情况下,我争取到对方给出让步就会是一个大概率的事件。例如,我手机搜索"房屋拆旧费用",那马上就会出现很多信息,价格从每平方米几十元到几百元不等,这时我就可以非常轻松地找出几家房屋拆旧费用极低的公司,直接将相关信息展示给对方看。面对这种情况,对方往往很难提前做好准备,在谈判现场就很可能会不知所措。只要对方出现这种状态,那我突破对方心理防线的机会就来了。对于设计费、人工费,也可以采用这种非常简单的思路,因为这些信息都很容易从网络上搜索到,并且更加容易找到大量的直接报价比对方低很多的公司,这就是充分运用了本书第三章明确谈判相关方地位中竞争关联方的实战技巧性内容。如果对方没有充分的谈判经验和细致的谈判布局,则很难在前期的谈判准备中做到如此精细化准备,那么在谈判现场,当我们用竞争关联方极低的报价给对方强大的压力时，对方往往很难抵挡，被我们攻破防线是必然的。在这个例子中，还有一个巧妙的地方，那就是关于杂费，这个子模块的报价其实并不涉及太多费用，我也压根就不准备在这个子模块上获得一些对方的让步，因为对方即使在此让步，也没有多大空间，那大家想一想，我为什么还计划在杂费这个子模块花时间和精力与对方磨呢？这就是我有意为之的后续谈判布局，先误导对方认为我也非常在意杂费，然后，我再将杂费这部分让步给对方，并将其作为交换条件，来争取对方给我在拆旧、设计费和人工费三个子模块更大的让步，这也是本书第五章重点谈到的对换让步实战技巧的运用。

通过这个例子，我相信大家应该都能够知道如何采取目标分解策略去影响我们的谈判对手方，让对方在我们这种策略的运用下出现漏洞，进而我们就可以针对这些漏洞，对对方实现精准打击，占据谈判的主动权和主导地位。反之，如果对方用目标分解策略对付我们，我们又该如何应对呢？我通过对自己20多年商务实战经验的总结，形成了一种非常行之有效的方案，即我们在进行目标分解，将我们一揽子产品或服务总报价分解为子模块报价的过程中，我们一定要具有艺术性，也就是说，我们要尽量确保分解后的每个子模块之间是密切关联的，缺一不可，而每个子模块内部又是一个完整的单元，没有办法分拆和讨价还价，这样就会使对方无法从我们分解完的各子模块中找到突破口，进而实现对我们利益的充分保障。为了让大家更好地理解这种应对方案，我们再回到刚才假设的这个装修的例子中，如果我是对方装修公司的角色，面对客户让我进行目标分解的要求，我就会如此回应："整个房子150万元装修的报价是这样构成的，玄关部分需要5万元、起居室部分需要10万元、厨房部分需要15万元、餐厅部分需要15万元、客厅部分需要35万元、书房部分需要10万元、淋浴房部分需要10万元、主卧部分需要25万元、两间次卧部分需要20万元、阳台部分需要5万元，每个部分都是一个完整独立的单元，我们是按照模块提供装修服务的。"这种情况下，我也进行了目标分解，但对方能够找到突破口吗？应该是完全找不到的。如果对方觉得主卧部分太贵了，那我们就可以说我们把主卧部分拿掉，后面我们不提供主卧的装修服务，对方可以再找人单独进行主卧的装修服务。大家想一想，对方可能这么做吗？肯定不会啊，因为对方能够和我们展开如此细致的洽谈，那是因为对方看中了我们整体装修风格的装修方案，怎么可能让主卧的风格和房子的其他地方不匹配呢？现在，我想大家肯定能够准确理解和有效运用目标分解策略的应对方案了。

其六，步步为营策略。步步为营策略是指在谈判的过程中，针对每一个具体的谈判小议题，双方每达成一个共识，就形成一个书面备忘录或者双方签署的确认该议题相关内容共识性观点的会议纪要文件。这样做的主要目的是当谈判在后续我们所关注的关键议题上出现巨大的利益对立与分歧时，也能够尽可能地规避谈判破裂：谈判破裂对双方都是不利的，我们耗费了大量时间和精力，这些都是资源，既然投入了资源，那就必然期望获得回报，否则这些资源就都变成了成本。这里，大家可能会有两个疑问：一个是为什么这种策略能有效避免谈判破裂；另一个是为什么我们和对方会出现巨大的利益对立和分歧。

针对第一个问题，我们从心理学的角度进行剖析。假如整个谈判所涉及的事情和事项具体划分为10个小议题，我们与谈判对手对每个小议题逐一展开洽谈，过了一段时间后，我们和对方就前面的九个小议题都已经达成了共识（达成共识的方式在真实的商业环境中只有口头和书面两种形式），然后，在最后的第十个小议题上，双方发生了激烈的冲突。在这种情况下，如果前面九个小议题没有以双方共同签署备忘录或者会议纪要文件等书面形式达成共识，只是口头共识，那么这种口头的共识是很容易被人遗忘的，进而这些共识在双方的心里就没有任何牵绊作用，这样就存在一定的可能——双方将第十个小议题的对峙上升到非理性的高度并且情绪化决策，人一旦情绪化，主观思维就会混乱，混乱则必然导致重大的判断失误，整个谈判就可能破裂。如果前面九个小议题都以双方共同签署备忘录或者会议纪要文件等书面形式达成了共识，这种书面形式的共识会反复提醒和让人一直记得谈判已经取得的成果，这些共识在双方的心里就有了一种牵绊作用，即我们在谈判涉及事情和事项的绝大多数方面都已经形成了一致意见和共同认可，这个时候，如果因第十个小议题上的冲突导致谈判破裂，谈判双方都会觉得非常可惜。在这种心理影响下，双方的主观情绪和思维都会保持在一种比较理性的状态，不管在第十个小议题上双方的利益冲突多么厉害，双方基于都不希望谈判破裂的心理，就会努力开诚布公，共同致力于形成解决方案。

针对第二个问题，我们先来看看，这个问题为什么会出现？在谈判中，放在越后面谈的议题往往是利益越发敏感的内容，尤其是当谈判双方对谈判涉及事情和事项的相关具体内容已基本达成共识之后，谈判的焦点必然会落到价格上。关于价格的谈判，则是完全的零和博弈，我们获得的利益多一点，对方获得的利益就会少一点，所以，巨大利益对立和分歧的出现就成为一个大概率事件。所以，这也就是我在价格博弈的价格策略部分，会将这种表面上看似与价格无关的策略展开的具体原因，步步为营策略实质上就是为最后的博弈做铺垫，可以说，在谈判前期所有通过书面形式确认的共识其实都是"烟幕弹"，这些共识使我们认为对方不会轻易放弃谈判，那么我们在争取价格时就能够更加强势和放心，从而实现我们自身利益的最大化。

其七，车轮战策略。车轮战策略是指我们首先对谈判对手的组成人员进行结构化分析，明确对方具有"拍板权"的主谈人，然后我们在内部形成一致性现场策略方向，即我们始终围绕对方主谈人进行密集的发问，通过连环攻击组合拳，让对方主谈人身心疲惫，进而引发对方主谈人的心理波动，并进一步影响其主观思维。在这种状况下，对方主谈人就比较容易做出错误的决定，进而实现我们自身利益的最大化。这个时候，我想大家可能会问，这种状况在现实中会出现吗？对于这个问题的答案，我是非常肯定的。我举一个我亲身经历过的真实案例，让大家感受一下车轮战策略在实战中的运用。大概在十多年前，那时我还在某券商公司负责投资银行的工作，当时我们接到了实控人（即实际控制人）的一个重要任务，这名实控人的一家上市公司出现了经营危机和不确定性发展风险，实控人希望我们对这家上市公司进行资本运作，注入具有一定价值的资源，以实现两方面目标：一方面引发资本市场的关注与追捧，另一方面切实地支撑这家上市公司的未来发展。在此背景下，我们通过分布在全国各地的经纪营业部和期货营业部收集有价值的合作信息，通过层层资源评估和筛选，我们逐渐锁定了位于我国西南部的某省某资源类企业作为重点合作洽谈的主攻方向，然后我们通过自己在当地的期货营业部邀约到了该企业具体负责的领导进行商谈。于是，我的大领导和我飞抵该省的省会，并在到达的当天晚上，安排了一顿主要宴请这位领导的重要酒局。当晚，这位领导带了两位同事共同赴宴，在酒局上，这位领导一直非常强势，从相互寒暄介绍开始，就给了我们非常大的压迫感，我们一直都在他的引导下展开对话，我现在还依稀记得当时现场那种被动和难受的心理状态。随着酒局的进行，我们酒喝得越来越多，我们也慢慢地从完全理性到出现思维松懈再到有点迷迷糊糊了，这位领导和他的两位同事很明显是有备而来的，这个时候他们突然开始轮流一个接着一个问题，向我的大领导发问。我看到这种情况后，本能的反应就是帮我的大领导挡住对方的攻势，但每每当我想插话时，对方就很直接地回绝了我。我的大领导本身就不胜酒力，再加之当晚饮酒也远远过量，我看到他的状态是满脸通红、晕头转向的，从各方面来看，他都处于非常疲劳的状态中，此刻在对方连环地攻击下，可以说，他整个人已经站在了崩溃的悬崖边上，思维恍惚。对方这位领导确实是一位谈判高手和老手，当他看到这种局面后，立马给我的大领导说了这样一番话："我们的这家公司可以给你们，但有三个条件，那就是在资本运作完成后，上市公司大股东便由我决定，并由我企业派出董事会多数席位，而且上市公司注册地要变更到这里。"可以说，这三个条件是我们完全不会也不能答应的，对于第一个和第二个条件，实控人是绝对不会同意的，我们是去整合资源支撑实控人的这家上市公司发展并收获好的资本市场表现的，不是去卖公司的。第三个条件还涉及更复杂的情况和其他利益相关方，但是，在当时的现场，我的大领导面对这三个几乎都不可能答应的条件，他回应了三个字"没问题"。这就是车轮战策略在实战中的巨大威力。

这个真实案例其实还有很多精彩的博弈内容，因为涉及诸多敏感信息和商业机密，我不便于完整展开。由于"没问题"这三个字的现场错误决定，我后续花费了相当大的精力试图扭转局面，几经波折，上市公司也先后发布了重大资产重组停牌公告并产生了短期靓丽的资本市场表现，但最终却还是由于对方这三个条件中的一个条件无法突破，导致了上市公司重组失败。很显然，车轮战策略从表面上与步步为营策略类似，看似与价格无关，而其最终结果实际上影响的却都是价格，故车轮战策略也是各主要价格策略的重要组成。通过这个案例，我想大家应该能够理解车轮战策略的实际运作了，我们通过持续、连贯地攻击对方主谈人，让对方主谈人下不了"台"，又让对方其他谈判人员上不了"台"，并引发对方主谈人因主观思维渐渐混乱和主观意识逐步疲惫而做出错误的决定，进而实现我们自身利益最大化。当遇到对方用车轮战策略对付我们时，我们又该如何应对呢？解决方案其实也不难，我们的主谈人一定要在现场直接告知对方："虽然我是我们谈判组的组长，但我是不能直接拍板的，我们谈判组每个成员都是有分工和对应分工的授权的。我的角色是组织我们的人员和你们展开对话和洽谈，而针对你们的每个具体问题，我只负责将你们与这个问题对应我们谈判组成员的共识性观点记录下来，以让谈判保持在一个正确的方向上，所以，具体事情请与我们谈判组各具体成员谈。我只能在你们谈的过程中做一些补充，给出一点建设性意见而已。如果你们只与我谈，那是没用的，我压根就不懂。你们要是老问我，那我们干脆就别谈了，别浪费大家的时间。还是那句话，我不懂，我仅是一个组织者。感谢。"

当谈判的内容介绍到这里，本书也接近尾声了。价值博弈是谈判的核心，也是谈判的最后阶段，更是谈判商战最为重要的内容，可以说，整个谈判都是围绕我们能够在价值博弈中取胜而展开的——直接决定我们真实利益多寡的唯一衡量指标就是最终基于价值所确定价格的高低。因此，无论是我们通过培育高效沟通技巧来打好谈判能力的基础，还是做好谈判计划与准备，抑或是掌握好六大谈判的影响因素，并能够在谈判交锋中进行有效的初始报价与对换让步，这些都旨在为了我们的价值博弈奠定根基。在这根基之上，当我们能够洞悉价格本质，通过更加细致的商业策划和布局，使谈判对手方对我们所提供产品或服务价格的理解，从绝对价格转为相对价格，谈判对手对我们所提出价格的态度也就会从消极转为积极。在这个过程中，我们根据实际所处商务情景，灵活地运用迷惑策略、投石问路策略、吹毛求疵策略、价格陷阱策略、目标分解策略、步步为营策略、车轮战策略等七种实战价值非常大的商业策略，持续地影响对方的心理状态和主观思维，从而在谈判的价值博弈中占据主动权和主导地位。这必将让我们在谈判中攻无不克、屡战屡胜、所向无敌。

后　　记

关于谈判的话题其实还有很多，最为重要的软技巧和实战技能，我结合自身 20 多年的商务实践和思考，都已与大家分享了。这本书的写作过程也是我将所学、所思、所做、所悟毫无保留地分享的过程，故我非常真心地希望能够与大家产生一些共鸣，给大家一点启发，带来大家思维的深化与进阶。在本书的最后，还有两个与软技巧和实战技能貌似没有太大关联，但与认知能力有一定关联的谈判小话题，我想和大家再进行一些交流和探讨。第一个小话题即气场。我们在日常的工作和生活中，会经常听到"气场"一词，如"这个人气场好强啊"，那么，到底什么才是气场呢？感觉它看不见也摸不着，那为什么有的人一出现、一说话立马就能够压制全场呢？第二个小话题，即当我们具备了谈判能力后，我们在商战中就能够更好地占据对话的主动权和主导地位，但商战是对外的，一切主要都是以利益为导向的，那如果对内呢？一切应主要以团结为导向。因为方向不同，所以我们需要具备的能力就会不同：内部团结的过程也是一个内部谈判和对话的过程，我们除了需要掌握本书重点聚焦的谈判能力外，是否还需要培育其他关键能力？——现在我们就来对这两个小话题进行解构。关于第一个小话题，首先，我们要明确什么是气场，我理解的气场就是一种影响力，即我们在现场能够给到对方的一种影响力，这种影响力能够让对方感受到明显的压迫感，在谈判过程中，对方逐渐认可了我们的观点，进而其主观思维被我们深深地影响和牵制。其次，我们再来看看有气场的人，往往会呈现出什么样的特点？我认为，如果大家仔细想一想自己认为的气场强大的人，就能够马上将关键信息总结出来，即自信、专业且强势。然后，我们继续分析，我们如何做才能够拥有这些特点呢？在此，我们针对这三个特点，逐一展开讲述。

其一，自信。这是我们耳熟能详的两个字，大家都知道自信很重要，但在现实的工作和生活中，确实很多人都很难做到自信，那么，怎么判断我们是自信的，还是不自信的呢？其实非常简单，当我们遇到某件事情、某个任务或某种机会时，我们内心会紧张吗？可以说，初期的紧张直接反映出的是我们对这项工作结果的重视，我们希望高质量地完成，不希望失败，这是一种责任心的体现，故初期的紧张不是坏事，体现的是我们的担当；如果初期没有任何紧张感，那么在大多数情况下反映出的是，要么我们对这项工作不重视，自己觉得无所谓，要么我们就是盲目自信，无论是哪种情况，后面工作的结果都会存在很大的不确定性，它们都是不可取的。可见，初期的紧张是一种好的现象。但随着我们针对这项工作做准备，这种初期的紧张会出现两种变化。第一种是我们内心一直都非常紧张，那就说明我们是不自信的。有些不自信的人在具体开展这项工作时，可能还会出现手发抖、身体发抖、冒冷汗、思维中断等糟糕的情况。在这种状况下，这项工作能做好的概率就不高了，用一句话总结，那就是若过于在乎工作的结果，而忽视了工作准备的过程，则后面的工作结果往往会不太好。第二种是我们内心不紧张，感到很轻松，那就说明我们是很自信的。自信的人在具体开展这项工作时，不仅高效而且自然，并能够始终保持理性和正确的方向。在这种状况下，这项工作取得一个好的结果就成为大概率事件，也用一句话总结，那就是因为对这项工作做好了准备，所以对工作开展期间各种情况的处置充满信心，则后面工作的结果往往会比较好。我们可以看到，一个真正自信的人并不是一个盲目自信的人，而是需要经历一个从初期紧张到完全不紧张的过程，这个过程的核心就在于，我们对即将发生的事情，能否做好准备。那什么才叫好的准备呢？我们结合谈判商战的场景，如果我们在正式谈判前，对谈判中涉及的事情和事项形成了多方面、多维度、多角度的认知，并通过充分的信息收集对谈判对手的真实需求、核心利益点、主要目标等形成了相对准确、客观、完整的判断，以及对市场上存在的提供类似产品或服务的主要竞争者展开研究并形成了对我们自身产品或服务具有的特点、差异、细分优势等相对稀缺性的洞察，我们就能够真正建立起自信，即因为更加充分地准备并拥有了更系统、更全面、更结构化的信息，所以有充足的信心应对谈判现场的各种情况，那么我们内心就不会感到紧张，我们的内心越放松我们的思维就越清醒，我们的思维越清醒我们在现场就越自然，我们在现场越自然我们的博弈就越主动，我们的博弈越主动我们的气场就越强大。

其二，专业。这也是我们很熟悉的两个字，这里大家可能会有疑惑，那就是为什么专业能够支撑我们在谈判现场获得强大的气场呢？这个问题，大家稍微深入想想，应该就能够找到答案。例如，我们在读书时，如果遇到不懂的知识，一个非常正常的举动就是向我们的老师或者我们认为学习比较好的学长或同学去请教；再如，我们在工作中，如果遇到不懂的工作内容，同样一个非常常规的行为就是向我们的上级领导或者我们认为工作经验丰富的老同事去请教；又如，我们在生活中，如果遇到夫妻矛盾或家庭纠纷，非常习惯的做法就是向我们的前辈或者我们认为的情感专家去请教。为什么我们会这么做呢？很显然是因为我们认为对方在相应的方面或领域比我们更加专业，所以对方对我们的反馈和指点就形成了对我们的影响力，在这种影响力的作用下，我们的气场就会非常弱小，对方的气场就会非常强大。可见，如果在谈判现场，我们如果能够让谈判对手形成一种感觉，即就当前谈判所涉及的事情和事项，我们比对方更加专业，那么我们在无形之中就形成了更大的气场。故当前我们思维的重心，就落脚到如何让对方认为我们更加专业的这个焦点上？基于此，结合自身20多年的商务实战经验，我将专业影响气场的过程进一步分解为四个步骤。第一步，我们因呈现出的专业水平而获得了对方的尊敬；第二步，对方因尊敬我们而逐渐接受和认可我们的观点；第三步，因为对方接受和认可我们的观点，所以我们渗透式地影响了对方的主观思维；第四步，对方主观思维被我们影响，从而支撑了我们在谈判现场具有更大的气场。可以说，我们在谈判现场呈现出的专业水平是专业对气场影响机制的起点。在商务实战中，所谓的专业水平又可以进一步划分为专业知识和专业行为，也就是说，在谈判中，如果我们传递的内容和信息，使对方感觉到我们具有更深厚的专业知识，以及如果我们展示的对话技巧和方式，使对方感觉到我们具有更高水准的专业行为，那么我们的气场就在不知不觉中建立起来了。基于此，我们结合谈判商战的场景：在正式谈判前，针对谈判涉及的事情和事项，要么我们谈判组成员中就有行业专家，要么我们邀请行业公认的专家以顾问身份加入我们谈判组，同时做更充分的专业知识储备；在正式谈判一开场我们就用专业知识影响到谈判对手，让对方因感到自身专业知识不够而处于被动状态；在正式谈判中，我们通过身体语言，包括但不限于积极式眼神交互、鼓励式面部状态、开放式身体姿态、接纳式倾听技巧等，让对方深刻地感受到我们的专业行为，这必将使对方发自内心地认可我们，那么我们在现场形成气场并持续强化也就是一个自然而然的结果了。

其三，强势。这两个字应该是最好理解的，拥有强大气场的人在现场必然是一种非常强势的存在。那么，我们需要重点思考的是，一个人为什么能够非常强势？我想可能会有人说这是性格使然，有些人的性格就是强势的，这种说法其实是不对的，性格使然的强势在很多时候是一种不讲理的强势，也可以叫作伪强势。如果发生在商业博弈场合的是这种性格使然的强势，那么直接导致的结果大概率是整个谈判直接破裂，或者是被看穿，对方不屑一顾，耐心等其说完后，抓住其所传递信息的漏洞，有理有据地强势反击，后发制人。可见，无论是哪种结果，都是被动和不利的。因此，真正的强势往往与性格特质无关，而与在谈判中表达的内容和采取的策略有关。我们顺着这个思路，让思维进一步深化，可以反过来再思考一下，什么情况下我们不敢过于强势？这个问题的答案可能就没有那么简单了。如果我们没经历过很多的商业实战，或者我们虽经历过不少商业实战但从未进行过深度的思考和总结，那么回答这个问题就确实会有一点难度。对此，我的思考和总结是，在谈判中，只要出现以下三种情形，我们的状态就很难强势起来，即当我们不知道谈判的方向时，当我们担心谈判会破裂时，当我们没有能力做出谈判的决策时。在此基础上，我们结合谈判商战的场景：如果我们能够争取到安排谈判对话的会议议程，我们既能够按照一个有利于自身的节奏进行谈判议题的排序，引导谈判的进程，又能够充分发挥主场环境的优势，并且能够清晰地知道自己在谈判中的底线，对谈判中每一个议题我们都非常清楚自己的立场，那么我们在谈判中就不用担心会出现不知道具体方向甚至迷失方向的情况；如果我们能够针对谈判所涉及的事情和事项，提前设计并准备了备选方案，那么我们在谈判中就不用担心会出现谈判僵持甚至谈判破裂的情况；如果我们明确了自身在谈判所涉及事情和事项上的决策权限范围，并且能够决定或影响谈判的最后期限，那么我们在谈判中就不用担心会出现因不了解自己能否决策而在现场不敢发表观点的情况。可以说，当我们能够做到以上这些工作的时候，我们才能够在谈判现场充满底气，展现出自己的强势，这种强势才是真正的强势，形成的才是我们真正的气场。此刻，我们应该对第一个小话题，即气场，建立起了体系化认知，提升了自己的思维层次，并且掌握了变得真正自信、专业且强势的方法和内容，进而能够在谈判商战现场营造出强大的气场、力量和氛围感。

第二个小话题其实也是一个一直困扰很多企业家或企业管理者的话题。对外的谈判是以利益为主导的，目标非常清晰，谈判方向也非常清晰；对内的谈判则是以人为主导，虽然目标也非常清晰，但谈判的方向可能就没有那么清晰了。为什么呢？大家想一想，在我们现实的工作和生活中，是管事容易，还是管人容易？答案应该显而易见，管事容易，管人难。这里面的原因也是非常简单的，人的想法和思维是多种多样的，这个世界上绝对不会存在拥有一样想法和思维的两个人，即便是双胞胎，想法和思维的差异也是存在的。但是，我们的工作和事业发展又都必须靠人、靠大家、靠团队去推动，如果仅仅依靠单兵作战，那么我们绝对无法取得大的成功和持续的事业发展的。因此，如何在以人为主导的背景下，把内部谈判谈好，并且在内部打造出一支团结、坚韧、有力的团队，就成为一个困难但需要解决的课题。只有内部好了，才有外部，没有内部的凝聚力，就很难实现外部的利益目标。以此为导向，当谈判话题转到内部的时候，我们思考的方向也就从如何影响谈判对手以便牵引对方的主观思维，转到了如何影响内部团队成员，以便在不断提升团队成员个体绩效的同时，带动团队整体绩效的提升，并保障和牵引团队成员始终按照团队整体发展目标的正确路径步伐一致地前进。也就是说，当谈判是面向外部的时，我们要培育的能力是如何建立起对谈判对手方的影响力；当谈判是面向内部的时，我们要拥有的能力则是如何建立起对内部团队成员的影响力，这种影响力的建立过程，除了需要具备本书重点聚焦的对外的谈判能力外，还需要具备针对团队成员的差异化能力，即能够采取有针对性的管理方式的能力。这作为本书的最后一个话题，我做一些简单的叙述，为后续的依然基于我20多年商战实践经验的总结和思考，以及结合20多年对身边成功企业家朋友的观察，计划撰写的另外一本实战性商业主题专著做一点铺垫。对这种能力的界定，我在本书中不展开，只对这种能力的培育过程进行一些结构化的描述，我认为这种能力与本书中的谈判能力是任何一位成功的商业精英不可或缺的两种重要力量来源。这种能力的形成过程可以分为三个步骤：第一步，准确评估内部团队成员属于什么类型；第二步，系统掌握针对内部团队成员的不同管理模式；第三步，针对不同的内部团队成员类型，采取不同的管理模式。只有做到这三步，才能真正地实现对内部团队成员（每个人）的深刻影响，这样我们对内部的影响力才能够真正地建立起来，并驱动内部团队实现高质量成长和发展。

在此，我们分别展开介绍这三个步骤。

第一步，如何准确评估内部团队成员属于什么类型？这个问题确实非常难回答。我们想一想，每个人都是独特的，即便我们将人的类型分为几十种甚至上百种，这个分类也没有任何意义，因为我们不可能分别采取几十种甚至上百种管理模式去有针对性地影响不同的人，没有可操作性的管理是没有任何价值的。那么我们应该怎么办呢？在这个问题的牵引下，我们通过分析大量内部团队管理实践发现，可以采用团队成员在面对一项工作或任务时的主观状态和客观状态来进行合理化分类。所谓主观状态，是指团队成员在面对这项工作或任务时的意愿程度，很明显，意愿与主观直接关联。所谓客观状态，是指团队成员在面对这项工作或任务时的能力水平，同样很明显，能力与客观直接关联。故我们从主观和客观的视角，通过意愿和能力两个维度，就能够将团队成员划分为四大类，即没意愿没能力、有意愿没能力、没意愿有能力、有意愿有能力。逐渐地，我们继续向深处思考，我们再想一想，我们到底应该如何相对准确地识别出内部团队成员的意愿和能力呢？对此，我们依然从实践出发来思考。

关于意愿，我进一步提取了三个小的影响因素，即信心、承诺和动机。当我们将一项工作或任务分配给团队成员时，他有没有信心，我们应该是可以感觉到的，一位有信心的团队成员往往眼中会充满光芒。面对工作或任务，团队成员如果敢做出承诺，这将是一个强意愿的表达。每一个人都是社会人，一个人要获得发展和成功就必须得到社会的认可，那么当这个人做出了承诺，这个承诺就会对这个人产生一种非常强大的软约束：没有任何人希望自己成为一个不诚信的人，一个不诚信的人、一个背信弃义的人最终的人生归宿必然是被社会淘汰。此外，每一个人做事情的动机都是不同的，有的人希望赚钱，有的人希望表现自己，有的人希望获取资源，有的人则希望实现人生价值。故针对不同团队成员的差异化内在动机，再结合我们准备分配给他的工作或任务的内容和目标，我们就能够很好地在动机方面做出相对正确的判断。

关于能力，我也进一步提取了三个小的影响因素，即知识、经验和技能。可以说，这三个影响因素相对而言是比较容易判断的，在我们给团队成员分配一项工作或任务时，他是否具备相关知识，我们通过他的专业学习背景就能够做出判断；他是否具备相关经验，我们通过他的工作履历就能够做出判断；他是否具备相关技能，我们通过评估这项工作或任务与他当前正在开展的本职工作的相关度就能够做出判断。至此，我们完成了第一步，明白了将内部团队成员分类的方法。

第二步，如何系统掌握针对内部团队成员的不同管理模式？毫无疑问，这个问题也是一个非常难的问题。无论在管理学的理论研究中，还是在管理实践过程中，管理模式都多种多样。如果我们将所有管理模式全部陈列出来，那么这个陈列也没有任何意义，因为无法进行有效的具体的实践，不具有可操作性。那么我们又应该怎么办呢？我通过对大量真实管理实践的思考发现，虽然管理模式多种多样，但综合整体来看，所有管理模式的管理目标只有两个大的方向。一是以人为导向，所有的管理工作都旨在激发人的积极性；二是以事为导向，所有的管理工作都旨在让人把工作或任务执行和落实到位。可以说，以人为导向的管理充满我们对团队成员工作的支持，包括但不限于积极沟通、鼓励互动、有效倾听、提供反馈等；以事为导向的管理充满我们对团队成员工作的指示,包括但不限于确定目标、实施组织、指标考核、过程控制等。我们从人和事的视角,通过支持和指示两个维度,就能够将管理模式也划分为四大类,即高指示低支持、高指示高支持、低指示高支持、低指示低支持。紧接着,对这四种管理模式的特点,我们适当展开分析:高指示低支持,指的是在具体管理过程中,我们与团队成员之间全部的交流内容都是工作或任务本身,不给团队成员任何说话的机会,不倾听团队成员的任何诉求和观点,也就是说,只谈工作不谈感情,干得好就干,干不好就走人;高指示高支持,指的是在具体管理过程中,我们与团队成员既交流工作或任务的相关要求和标准,我们也主动聆听团队成员的心声,经常会鼓励团队成员,并对团队成员的需求积极地给予反馈和帮助,也就是说,既谈工作又谈感情;低指示高支持,指的是在具体管理过程中,我们与团队成员之间的全部交流内容都是对人的关心和关爱,完全不谈工作或任务,也就是说,不谈工作只谈感情;低指示低支持,指的是在具体管理过程中,我们既不主动关心团队成员,不主动与团队成员沟通,也不主动与团队成员谈工作或任务,也就是说,不谈工作也不谈感情。此刻,我们就完成了第二步,清楚了针对内部团队成员的四种管理模式。

第三步,如何针对不同的内部团队成员类型,采取不同的管理模式?这应该是三步中至关重要的一个问题,也是最有艺术性的一个问题。在我们能够对团队成员进行相对准确的分类并精通四种管理模式后,如果管理模式的类型与团队成员的类型没有实现有效的匹配,那相当于我们前期所有工作前功尽弃,既浪费了资源,又浪费了时间,更浪费了感情,只有这一步走对走好了,我们对内部团队成员的影响力才能真正地建立起来。基于此,我们通过分析四种团队成员类型,确定出它们所对应的最为有效的管理模式。

首先,没意愿没能力类型的团队成员的身上往往会存在一些共性特征,如没有一件工作能够做好、总是抱怨各种客观因素、一直都有负面情绪等。我对这类人的评价就是四个字——"害群之马"，必须把他们从团队中清理出去，如果不能直接清理掉，那也必须构建一个隔离这类人和团队其他成员的"防火墙"，将他们与其他团队成员划清界限，这类人不仅自己的绩效糟糕，而且还会极大地影响团队的工作氛围。和这类人谈感情，不仅不能感化他们，反而会让他们变得更加嚣张，此外还会让努力工作的其他团队成员感到极大的心理失衡。故要想对这类人建立影响力，最为有效的方式就是只谈工作不谈感情，即高指示低支持。

其次，针对有意愿没能力类型的团队成员，这类人在商业现实中主要呈现出两种不同的人群状态：第一种为新进员工，如刚毕业的硕士研究生加入了一家知名企业，成为一名管理培训生，这类人群肯定是充满朝气的，不然他们不会选择和决定加入进来，但由于是新进员工，没有相关工作经验甚至相关专业与岗位职责不对口，那大概率是没有能力的；第二种为因过去工作成绩优异而被提拔到一个与过去工作内容完全没有交集的全新部门担任更高级别职务的人员，如市场部业绩最好的副经理被提拔到财务部担任经理，这类人群职务晋升了，获得了组织的认可，那必然是充满积极性的，但由于过去从未接触或开展过新岗位涉及的相关工作，那大概率也是没有能力的。可以说，有意愿没能力的团队成员是我们应该重点培养的对象，我们应该通过对这类人的鼓励和支持，让他们能够始终保持住这种对工作的主观意愿，同时我们还应该给予这类人工作或任务具体内容的详细解读和指导，以培养他们的工作能力。故要想对这类人建立影响力，最为有效的方式就是既谈工作又谈感情，即高指示高支持。

再次，针对没意愿有能力类型的团队成员，这类人在组织中通常是过去表现非常优秀的人，之所以当前变成了这种状态，在大多数情况下是因为他们认为自己遭受到了组织的某种不公正待遇，然后选择了"躺平"。如一家企业市场部有三位副经理，市场部经理跳槽导致了经理岗位空缺，此时这三位副经理中近年来一直保持年度最佳业绩的副经理主动参与了竞聘，但最终的结果却是这家企业董事长将其在生产部工作的表弟调任过来，担任了市场部经理，那么，这位积极向上的市场部业绩最好的副经理以最快速度"躺平"就成为一个大概率事件。可见，这类人都是一群有能力的人，很多都是组织中的资深员工，如果能将这类人的工作动力激活，点燃他们工作中的主观意愿，那必将强有力地推动组织实现更加快速的跨越式发展。也正因如此，这类人是组织的宝库，他们具有很强的工作能力，因此我们完全不需要与这类人谈太多具体的工作或任务内容，我们只需要与他们真心实意地沟通，关心他们，并尽最大可能找到他们认为自己遭受到的不公正待遇的事情，并就这件事情从他们的立场出发给予理解，以及向他们明确表达出我们帮助他们发声和全力为他们争取的态度，以获得他们的认可。这类人大多都是明事理、懂感恩、讲感情的，故要想对这类人建立影响力，最为有效的方式就是不谈工作只谈感情，即低指示高支持。

最后，针对有意愿有能力类型的团队成员，这类人在任何组织中都是被倚重的精英骨干力量，我们自身都应该成为这类人，同时我们也应该将团队成员培养成这类人。这类人对自己的工作有非常高的要求和责任感，所以我们需要给这类人一种充分被信任的氛围和一个他们能够独当一面的空间。如果他们遇到自己真的解决不了的问题或困难，他们必然会提前来向我们寻求帮助和支持；如果他们一切顺利，我们就千万不要去打扰他们，不然，可能会引发他们的猜忌和质疑，进而影响他们的工作状态和主观意愿。这类人往往是极度敏感的，故要想对这类人建立影响力，最为有效的方式就是不谈工作也不谈感情，即低指示低支持。到此，我们就完成了第三步，做到了针对不同的内部团队成员类型，能够有的放矢地采取匹配的管理模式。

好了，现在第二个小话题也聊完了。第二个小话题分享的是我们如何建立起对内部的影响力，这个在本书的后记部分我仅点到为止，未来我们再进行更加详尽和深入的探讨。本书所有关于谈判能力的内容都是在帮助大家建立起对外部的影响力。可以说，对我们的能力而言，外部影响力和内部影响力是我们走上成功道路必须要具备的两大能力。小的能力有很多，但大的能力却只有这两种，缺一不可。当我们能够通过有意识地学习、思考、实践、总结和领悟，进而真正掌控这两种大的能力时，我们的事业、我们的人生、我们的未来将会一马平川，充满美好和阳光。这两大能力就好比金庸小说中的倚天剑和屠龙刀，"武林至尊，宝刀屠龙，号令天下，莫敢不从。倚天不出，谁与争锋？"刀剑合璧，则"天下"可得。到此，本书就这样圆满地画上了句号，一个更优秀的自己正在明天等着我，同样，也在等着大家！